谋势在人

盾之书——肆

解厄学

（北宋）晏殊 著

马树全 译注

天津出版传媒集团

天津古籍出版社

图书在版编目（CIP）数据

解厄学 /（北宋）晏殊著；马树全译注．—天津：天津古籍出版社，2023.4
（谋势在人·盾之书 / 观山斋人主编）
ISBN 978-7-5528-1308-1

Ⅰ．①解… Ⅱ．①晏… ②马… Ⅲ．①谋略—中国—古代②《解厄学》—译文③《解厄学》—注释 Ⅳ．①C934

中国国家版本馆CIP数据核字（2023）第014261号

解厄学
JIE'EXUE

（北宋）晏　殊 / 著　马树全 / 译注

出　　版　天津古籍出版社
出 版 人　张　玮
地　　址　天津市和平区西康路35号康岳大厦
邮政编码　300051
邮购电话　（022）23517902

责任编辑　王海燕
装帧设计　汉字风

印　　刷　优速（天津）印刷有限公司
经　　销　全国新华书店发行
开　　本　710毫米×1000毫米　1/16
印　　张　16
字　　数　238千字
版次印次　2023年4月第1版　2023年4月第1次印刷
定　　价　58.00元

总 序

中华民族是一个重德的民族，也是一个善谋的民族。中国的古代经典中处处有谋略的影子，如《论语》的“天下有道则见，无道则隐”，《道德经》的“反者道之动，弱者道之用”，《孙子兵法》的“上兵伐谋”，《鬼谷子》的“圣人之道阴，愚人之道阳”，等等。

谋略被高度重视和广泛运用，是中国古代社会的鲜明印记之一。中国古代的封建专制制度造成了古代官场政治环境的恶劣，也造成了古代人治社会中法律规则的失位。人们难以靠公平、公正的手段来获取利益，难以靠法律规则来保护自己，由此，产生了独具特色的处世哲学和处世智慧，而谋略是其集中表现。为了生存和发展，人们各显其能，各出奇谋，共同促成了谋略文化的形成和兴盛，也不断催生出更高的谋略智慧。可以说，谋略文化是中国传统文化的重要组成部分，更是博大精深的东方智慧的代表。

应该明确指出的是，由于时代的差异和思想的局限，传统文化中难免有糟粕成分。谋略文化也是有优有劣的，我们不能盲目地全盘接受，而要有所选择，批判地继承其中有价值的思想和经验。

中国古代关于谋略的典籍浩如烟海，可究其本质，不外乎“矛”与“盾”两种。“矛”的谋略，重在传授“无中生有”、建功立业之道，强调的是主动出击，持“矛”以攻；“盾”的谋略，重在传授趋利避害、解厄脱困之道，强调的是主动退让，持“盾”以守。“矛”与“盾”是不可分割的两个部分，各有奇效，相互补充。兼顾“矛”和“盾”，便抓住了中国古代谋略书的机要，化繁为简，使人们更易于掌握精髓，达到事半功倍的阅读效果。

鉴于此，现将“谋势在人”丛书按照“矛”与“盾”的内涵编成“谋势在人：矛之书”“谋势在人：盾之书”两个系列。“谋势在人：矛之书”共五册，分别是《智谋学》《势书》《予学》《观人术》《仕进学》；“谋势在人：盾之书”共五册，分别是《止学》《守弱学》《谏学》《解厄学》《韬晦术》。

“谋势在人：矛之书”和“谋势在人：盾之书”有一个共同特点、两个重要突破、三个重大启示和四个巨大价值。

一个共同特点：每册书的主题在中国古代的谋略书中都是独一无二的，且是世人极为关注的。

两个重要突破：在内容上突破了各种传统观念的束缚，在行文上突破了冠冕堂皇的说教形式。

三个重大启示：第一，谋略的核心是大智慧，而不是小聪明；第二，可以不用小人谋略，但不可不知小人谋略；第三，成大事虽离不开谋略，但更要不忘初心。

四个巨大价值：原汁原味的文献价值、客观严谨的研究价值、专题论述的理论价值、启迪人生的实用价值。

观山斋人

2018 年 6 月于北京梨花轩

解厄学

（北宋）晏 殊

藏锋卷 第一

原文	译文
厄者，人之本也。锋者，厄之厉也。厄欲减，才莫显。	困厄，是人生固有的现象。显露锋芒，是使困厄加剧的原因。想要减少困厄，就不要轻易显露才学。
上求贤，毕其功而志易。下求荣，成其事而意满。不知戒惕，上下难容也。	当权者招揽贤士，一旦功成便会改变心志。地位低下的人求取富贵，目的达到了就会骄傲气盛。不懂得戒慎和警惕，上司与下属就不能互相容纳了。
仁者不逐其名，仁贵焉。明者不恋其位，明弃焉。勇者不争其锋，勇敛焉。	仁德的人不求有名，仁德才是最宝贵的。明智的人不会贪恋权位，真正的明智是懂得放弃。勇敢的人不会争强斗狠，真正的勇敢是知道收敛。
生之惟艰，何足道哉？	人们的生活充满了艰难，又有什么值得说的呢？

隐智卷　第二

｜原文｜

用智者利，弄智者弊。暗用无敌，彰显无功。

｜译文｜

运用智谋是有利的，玩弄智谋是有害的。暗中使用智谋方有奇效，公开卖弄智谋就难以起到作用了。

不为己谋，君子之智也。莫使己亏，小人之奸也。不怨智寡，患义失焉。

不为自己谋划，这是君子的智慧。不使自己吃亏，这是小人的奸邪。不要抱怨缺少智慧，要担心道义的丧失。

上惟忠，能次之。下惟实，术次之。不明其心，厄之难止。

居上者强调忠诚，才能不是最主要的。居下者注重实惠，权术是次要的。不明白人的心理，困厄就难以停止。

愚者言智，愚也。智者言智，祸也。

愚笨的人谈论智谋，这是愚蠢的行为。有智慧的人谈论智谋，这是招祸的行为。

戒欲卷　第三

｜原文｜

欲大无根，心宽无恨。好之莫极，强之有咎。

｜译文｜

欲望强烈的人不能把握住自己，心地宽广的人不会充满怨恨。喜欢不要过度，强求定有灾难。

君子修身，避祸也。小人无忌，授首也。一念之失，死生之别也。

君子修身养性，是为了躲避祸患。小人无所顾忌，是自寻死路。一个错误的念头，就会造成生与死的差别。

治贪以严，莫以宽。惩淫以辱，莫以隐。伐恶以尽，莫以慈。

整治贪欲要严刑峻法，不要宽容放纵。惩戒淫欲要使其受辱，不要加以隐瞒。讨伐恶欲要斩草除根，不要滥施仁慈。

制欲求于德，勿求于诫。悟者畅达，迷者困矣。

制伏欲望要求助于道德，不要依赖于教令。彻悟的人通畅豁达，迷惑的人困厄多难。

省身卷 第四

| 原文 |

| 译文 |

自知者弗窘也。识世者无求也。

有自知之明的人是不会身陷窘境的。看透世事的人无所奢求。

人有异，命不同焉。物有别，衰相近焉。待己如人，大计不失。

人有差异，其命运便不会一样。物有差别，其衰亡却是一样的。对待自己像对待他人一样，就不会有致命的闪失。

智不及事，非察莫中。人心多易，非思难度。俗不堪亲，非礼无存。

人的智慧赶不上事情的发展速度，不深入观察就无法正确判断。人心容易发生改变，不深入思考就难以猜测。恶俗不可以亲近，不严守礼法就不能生存。

忧身者无邪，正而久焉。忧心者无疚，宁而吉焉。

担忧自身的人没有邪念，遵循正道才可以长久。担忧良心有失的人没有愧疚，心灵安宁才可谓吉祥。

求实卷　第五

| 原文 |

致远者实，近利者虚。众趋者慎，己悦者进。

不拘于书，则不失于本。不求于全，则不损于实。人无贱者，惟自弃也。

大智无诈，顺乎天也。小智无德，背乎情也。识寡勿忧，忧弗学也。

苦劳而少获，非实之过也。闲逸而多得，乃实之旨焉。

| 译文 |

能带来长远利益的是务实，只带来眼前好处的是虚名。对众人追捧的事要慎重，对自己喜欢的事要敢为。

不拘泥于书本上的知识，就不会偏离事物的本意。不追求完美无缺，就不会有实际的损伤。人没有注定卑微的，除非自我放弃。

大的智慧不含奸诈，它是顺应自然规律的。小的智计不讲仁德，它是违背人情的。见识少不要忧虑，要忧虑的是不用心学习。

辛苦劳累却少有收获，并不是笃实的过错。清闲安逸却多有所得，这才是笃实的宗旨。

慎言卷　第六

原文

言之祸，无论优劣也。语之弊，由人取舍也。

君子不道虚言，实则逆耳。小人不表真心，伪则障目。见言见志，其行亦断也。

贵者宜谦不宜傲。卑者宜恭不宜放。人无信，则言勿听。

不知机而无泄，大安也。不避亲而密疏，大患也。

译文

言论能给人带来灾祸，好话和坏话都可导致恶果。言语能给人带来害处，取舍全在人为。

君子不说假话，（但）说实话会使人听起来感到不舒服。小人不表露真心，伪装就会使人看不清真相。听其言可知其心意，其行为也可以判断了。

富贵之人应该自谦，不要自傲。卑微之人应该恭顺，不要放纵。一个人如果没有信誉，那么他的话是不能听信的。

不知晓机密就无法泄露，这是最安全的。不回避亲近的人就会使秘密泄露，这是大的祸患。

节情卷　第七

原文	译文
知书而后忘情焉。抑性而后正身焉。	有知识才能不为情感所左右。抑制天性（中恶的方面）才能不走歪路。
纵亲见私，不容也。纵友见拙，不智也。纵怜见稚，不厚也。	纵容亲情就会显露私心，这是律法不能容忍的。纵容友情就会显现拙陋，这不是聪明的做法。放纵同情心就会显出幼稚，这不是忠厚的原意。
天怒成灾，人怒成害。君子戒悲，小人戒忧。不舍之情，羁身也。	上天愤怒会造成灾难，人们愤怒会造成伤害。君子戒忌悲观，小人戒忌忧思。不肯割舍的情感，束缚着人的身心。
幸不恃色，荣定其品也。义不恃媚，信定其谐也。	博取宠幸不能倚仗美色，荣显是由其德行决定的。情义不能倚仗献媚来维持，相互信任才能奠定和谐的关系。

向善卷　第八

原文	译文
吉有其因，福有其源。天佑善者，其心悟焉。	吉运有它的原因，福佑有它的源头。上天保佑善良的人，他们的心里是明白的。

言善未必善，观其行也。言恶未必恶，审其心也。名勿信，实勿怠。

说好话的人不一定是君子，要观察他的行为。说坏话的人不一定是小人，要审视他的内心。虚名不要轻易相信，务实不要有丝毫松懈。

君子亦怨，不误其事。小人亦友，不辍其争。利可求，道可守。

君子也会有抱怨，但不会耽误正事。小人也会有朋友，但不会停止争斗。利益可求取，道义可坚守。

恶惑愚，不惑智也。善贵诚，不贵法也。

邪恶能迷惑愚人，不能迷惑智者。善良重在真诚，不在于方法。

晏殊小传

晏殊，字同叔，抚州临川人，北宋著名政治家、文学家。

晏殊有“神童”之名，十四岁入试，得赐同进士出身。

晏殊聪明好学，为人谨慎，且十分勤勉。他在做翰林学士时，从不参加应酬，而是坚持学习，因此他的官职不断得到提升。宋仁宗即位后，晏殊被任命为枢密副使。

晏殊也有倔强的时候，他公开反对张耆做枢密使，且决不让步。

天圣五年（1027），因用笏板击落随从牙齿，被御史弹劾，晏殊被贬为宣州知州，后改知应天府知府。在应天府知府任上，他大力扶持应天府书院，任用范仲淹来教授学生，使五代以后衰落的学校教育得到了恢复。

明道元年（1032），晏殊又被调回京城，升任参知政事（副宰相），加尚书左丞。庆历年间，晏殊官拜宰相，任同中书门下平章事，兼枢密使。

晏殊做宰相后，大力提拔有才能的人，范仲淹、韩琦、富弼、欧阳修等都受到了重用。但是，晏殊也得罪了不少朝中奸佞权贵，他们千方百计地陷害晏殊，终使他失去了相位，被贬出京。

至和二年（1055），晏殊病故。宋仁宗辍朝两日，赠官司空兼侍中，赐谥号元献。

目 录

藏锋卷　第一

· 不以困为困，不以厄为厄，方不为厄所困。

· 善隐藏锋芒者，趋利避害，解厄脱困。

· 大智若愚，大巧若拙。

· 虎行似病，鹰立似睡，乃处世至境。

· 志向远大的人，谦逊是常态。

· 好的带头人重在团结众人，而不是彰显己能。

· 人可无名，不可无仁无德。

· 放弃比索取更需智慧。

隐智卷　第二

· 智谋可以消减困厄，却不能根除困厄。

· 上智不为人知，方可出奇制胜。

· 自私者常处困厄之境。

· 缺少智慧可以弥补，丧失道义难以挽救。

· 比才能更重要的是忠诚。

· 不洞察世情与人情，势必阻碍丛生，困厄不断。

· 祸患不因无智而生，反而常常因智而起。

戒欲卷　第三

· 贪欲之根，祸患之源。

· 自找的困厄最难终结。

· 君子能审时度势，不被欲望左右，所以能够消灾解厄。

· 不遵从社会法则，任私欲膨胀，毁灭便不远了。

省身卷　第四

求实卷　第五

- 务实保长远，虚名易招祸。
- 坚持与求实是成功者的共同特点。
- 金科玉律只存于书本中，不存于实践中。
- 贪近者愚，求远者智。
- 求实不仅是一种态度，也是避祸的根本。
- 求实不是求取完美，而是尽量减少缺憾。
- 智者顺天行事，故远离祸患。

慎言卷　第六

- 言多祸藏，沉默胜金。
- 一言可兴邦，亦可亡身。
- 慎言者智。
- 听其言，知其意，可断其行。
- 人无信，勿听其言。

节情卷　第七

· 先驾驭情感，再驾驭人生。

· 放纵情感，如纵祸患。

· 友情贵在真诚，纵友则见拙，不智也。

· 仁义不可乱施。

· 惩恶扬善，缺一不可。

· 天怒成灾，人怒成害。

· 君子戒悲，小人戒忧。

向善卷　第八

· 吉有其因，福有其源。

· 向善戒恶，行事之要。

· 识人当观其行，见其细。

- 体谅他人能给自己带来意想不到的好处。
- 大善者，不计毁誉，不图善名，方成大事。
- 与小人结交，困厄近矣。
- 取利弃道，祸患不远。

藏锋卷 第一

厄者，人之本也。锋者，厄之厉也。厄欲减，才莫显。

上求贤，毕其功而志易。下求荣，成其事而意满。不知戒惕，上下难容也。

仁者不逐其名，仁贵焉。明者不恋其位，明弃焉。勇者不争其锋，勇敛焉。

生之惟艰，何足道哉？

本卷精要

· 不以困为困，不以厄为厄，方不为厄所困。

· 善隐藏锋芒者，趋利避害，解厄脱困。

· 大智若愚，大巧若拙。

· 虎行似病，鹰立似睡，乃处世至境。

· 志向远大的人，谦逊是常态。

· 好的带头人重在团结众人，而不是彰显己能。

· 人可无名，不可无仁无德。

· 放弃比索取更需智慧。

原文

厄者，人之本也。

译文

困厄，是人生固有的现象。

释评

月有圆缺，人有顺逆，这是自然和人生的常态。困厄对任何人而言，都是不可逃避的，也是必须要面对的。能认识到人生本质的人，并不怨怪困厄，而是宠辱不惊，乐观向上。事实上，要战胜困厄，首先要对它有一个清醒的认知。只有不以困为困、不以厄为厄的人，才能始终保持平和的心态，走出困厄的深谷。

事典

不避苦难的王尊

王尊，西汉时涿郡高阳人。他从小就失去了父母，跟着叔父生活。

一天，王尊的叔父发现他暗自哭泣，就痛声对他说：

“你是不幸的，可要活下去，就必须学会坚强啊！我们是穷苦人家，如果你再自暴自弃，就更无出头之日了。”

叔父耐心地开导教育他，王尊渐渐有了笑容。他从此暗自用心学习，慢慢学会了书写和阅读，学问渐长。

王尊十三岁时，凭借其才学做了家乡管理监狱的小吏。当地人引为奇事，有人便问王尊道：

“你自幼不幸，天天牧羊，你的学识难道是天生的吗？”

王尊回答说：

"学识自然不会天生就有，那是我忙里偷闲苦学而来的。既然人的苦难不可避免，那么抱怨也是无济于事的，为何不发奋进取呢？"

王尊在任上勤勉有加，几年之后，便被调到太守府做事。

太守惊叹他的才能，问他说：

"你年纪轻轻，却博学多能，远过常人，有什么秘诀吗？"

王尊长叹一声，回答道：

"若有秘诀，也是不幸使然啊。我所受的困厄多了，对人世的认识便更加深刻了，这一切都激励我奋发向上。若不如此，我现在也许仍一无所知。"

太守点头说：

"你能看透人生本相，实属难得。其实，人生到处充满困厄，不看开这一点是不能进步的。有些人只知抱怨命运不济，却不从自身想问题，其实这才是他们不能成事的根源，哪里怪得了命运呢？"

太守对王尊十分信任，就让他做了掌管文书的小吏。

后来，王尊突染重病，难以做事。家人悲伤不已，对王尊说：

"你苦尽甘来，难得过几天舒心的日子，谁知苍天无眼，命运对你太不公平了。"

王尊一笑，说：

"生老病死是人生所固有的，为何要抱怨呢？有病并不可怕，可怕的是惊慌失措，这样就会病上加病了。"

王尊在病中向太守递上辞呈。他在辞呈中说：

"下官不能理事，这是天降之灾，但不能因此耽误官府大事。下官辞官不做，正是为了让出位置，以便大人安置他人，不误公事。下官会安心养病，大人切勿以下官为念。"

王尊的同僚为他担忧，劝他说：

"你尚在病中，如果辞去官职，那么将来何以为靠？这样一来，岂不是双重的不幸？你太欠缺考虑了。”

王尊重声道：

“为官便要尽职，否则不如归去。我不能因个人的不幸而拖累朝廷，这样我会寝食不安的。何况养病重在心静，倘若我贪恋官位，私心不减，又怎能指望痊愈呢？”

王尊的做法令太守十分敬佩。太守流着泪批准了王尊的辞呈，还亲自探视他，说：

“你能不避苦难，亦能为国着想，我相信没有什么是你战胜不了的。你要好好养病，我盼望着你早日回来为国效力。”

王尊没有了俸禄，日子一下艰难了许多。他却并无愁容，且笑着对家人说：

“我本是穷苦出身，自不怕什么穷苦。人活着总要经受大风大浪，否则就不识人生的滋味了。”

养病期间，王尊仍不忘读书。他拜郡中的文学官为师，学习《尚书》《论语》。有人不解地问他：

“你尚在病中，用得着如此辛苦读书吗？你太不爱惜身体了。”

王尊反驳道：

“倘若遇有变故，人便哀叹丧志，又怎能成事呢？人有旦夕祸福是很正常的，但不能碌碌无为啊！”

几年之后，王尊痊愈，学识亦大增。他被举荐为幽州刺史的属官，担负起了主管辽西盐务的重任。

原文

锋者，厄之厉也。

译文

显露锋芒，是使困厄加剧的原因。

释评

困厄是人生总要面对的。脱困解厄能力的高低，直接影响着一个人的前途和命运。应该指出的是，困厄虽为人生所固有，但只要采取了正确的方式、方法，人们完全可以趋利避害、解厄脱困。否则，便会使困厄加剧。显露锋芒，过度突出自我，易使自己成为众矢之的。人们当戒除争强好胜之心，凡事低调为之。

事典

藏锋避祸的李丰

三国时期，魏国大臣李丰很有才学，声名远播。

一次，有人从吴国投降过来，魏明帝问来人说：

“我们魏国的名士，你们可知道是谁？”

来人马上回答道：

“人们都说是李丰。”

魏明帝听了很惊讶，便单独召见李丰，对他说了这件事。又道：

“你有如此大名，只怪朕有所不知。朕决定提拔你。”

李丰不喜反惊，他连连推辞说：

“臣无德无能，民间传言不足为信。陛下如若赐官，臣不敢受。”

李丰百般拒绝，魏明帝大感意外，不解地道：

“人有贤名，加官晋爵，这些都是人们梦寐以求的好事，为何你不以为喜呢？这太令人奇怪了。”

李丰叩头说：

“非臣谦让，乃名过于实，臣有愧啊，恳请陛下收回成命。”

魏明帝坚持提拔了李丰。李丰一脸苦相，谢绝了所有向他道贺的人。

李丰的弟弟私下对他说：

“兄长名传天下，这有什么不好吗？兄长官职有升，这难道是坏事吗？你惶恐不安，到底是为了什么？”

李丰把弟弟拉入内室，低声对他道：

“仕途险恶，哪里像你说的这么简单？我名声大了，官职大了，势必会招致同僚的嫉妒。他们若是共同攻击我，我的处境岂不凶险？看来是我的锋芒太外露了，否则又怎会有此变故呢？”

从此李丰行事更加严谨起来，与人交谈再不阔论不止，朝上议事之时也大多沉默，不与人争辩。

更令众人不解的是，面对攻击他的同僚，李丰也以礼相待，绝口不予反击。他还常常自责道：

“是我有错在先，又怎怪得了他人指责？我不能错上加错了。”

时间一长，攻击李丰的人便越来越少，李丰的处境大大改善了。

魏明帝死后，尚是孩童的曹芳继承了大位，由顾命大臣曹爽和司马懿共同执掌朝政。曹爽和司马懿互相排挤，明争暗斗。李丰看在眼里，心中忧虑。他对弟弟说：

“龙虎相争，必有一伤，这对国家不利啊。只恨我无法调解此事，徒然悲戚。”

弟弟道：

“朝廷有变，势必牵扯甚大，兄长可有保身之计？”

李丰苦笑说：

“时下群臣各有攀附，在我看来却是凶险之道。曹爽乃皇亲国戚，司马懿乃三朝元老，他们二人孰胜孰败，实难预料。万一站错了队伍，到头来便只有死路一条了。”

弟弟一脸惊慌，忙道：

“如此说来，兄长当真没有良策了吗？”

李丰长叹几声，无奈地说：

“不能平息干戈，为兄只好独善其身了。祸患都是锋芒外露招惹来的，那么就只能隐藏锋芒，不予人知。他们二人都位高势大，谁也得罪不起，我只好作壁上观了。”

李丰此后常常托病不上朝，遇有朝廷大事他也不发表意见。对曹爽和司马懿的主张，李丰都表示拥护。

一次，有人责备李丰说：

“大人学识高深，一向见解独到，如今却唯唯诺诺，真是变得太多了。”

李丰含笑道：

“不是我变了，而是我实在愚钝，先前的一切都是虚名啊！”

李丰就这样周旋于两大集团之间，安然过了好多年。

原文

厄欲减，才莫显。

译文

想要减少困厄，就不要轻易显露才学。

释评

有才干的人大多命运坎坷，但才学并不是命运坎坷的根源。只因有才干的人往往恃才傲物，才给自己带来了不少麻烦。大智之人是不会卖弄才学的。才学是实用之物，过分夸耀易招致他人的嫉妒，反而对自己不利。因此，大智若愚才会备受人们的推崇。

事典

任尚的狂言

永元十四年（102），西域都护班超离任，返回都城洛阳。朝廷派遣将领任尚接任班超的官职，有人便反对说：

“任尚自恃有才，一向自视甚高，他这个人听不得别人的意见，惯于自作聪明，实难担起治理西域的大任。”

任尚的朋友为他争辩道：

“治理西域，本需大才之人，方能处理错综复杂的情况。任尚聪明过人，又有何不妥呢？如果因他有才就不用，这岂能服人？”

朝廷最后还是选择了任尚。

将要上任之时，任尚专门拜访了班超。他向班超请教说：

“大人在塞外三十年，经验丰富，请大人赐教。”

班超诚恳地说道：

“依你之见，该当如何治理塞外呢？”

任尚神情一振，豪言道：

“治理塞外，当严遵法纪，处事威严，令人不敢相欺。胡人既知我大汉天威，必不敢叛。”

班超眉头一皱，忙道：

“如此一来，塞外恐生事端，当真会有反叛之事了，这样万万不可。”

任尚一惊，问道：

“以法治世，乃不变之理，大人为何有此担忧？”

班超回答说：

“塞外非同中土，治世之法亦当求变。要知塞外的朝廷官员，多是在内地犯过错误之人，他们出塞乃是立功求赦。他们都不是安分之人，岂能一概以法治之？还当用心教化啊！至于塞外诸国，它们各有企图，亦应多加引导，广施仁德，这样它们才不会反抗。”

任尚漠然听之，并不动容。

班超见他如此，更加心忧。他特别提醒任尚说：

“你过于聪明，处处讲究以智胜人，性情也十分严正，这容易使你自高自大，疏远众人。人们嫉恨过于显露才干的人，你在西域千万要低调行事，不可处处逞能。”

任尚从班超处回来，心情十分不快。他对手下人说：

“我以为班超是个英雄，谁知他十分怯懦，言语之间全是无聊之词。为官者若不显露才干，何以服人呢？我看他是老了，他的话还是不信为好。”

手下人说：

“班超投笔从戎，又在塞外多年，他不会是浪得虚名的。大人不知塞外实情，还是小心为上。”

任尚驳斥了手下人，口出狂言道：

“以我任尚之才，小小的塞外自不在话下。我要另辟蹊径，建立不朽的功劳。”

任尚上任之后，增设了许多苛刻法规。他对朝廷官员小错必纠，常加以惩罚。对塞外诸国，他以天朝大国自居，不时发号施令，全无以礼相待之心。

随着怨怒的增加，西域的形势开始严峻起来。有人担心事态扩大，急忙劝任尚说：

“现在人们只知大人的才干突出，而无人称颂大人的仁德，这不是件好事啊。民心向以仁德收之，而个人的才干却无益于号令天下，大人不该这样。”

任尚震怒，鞭打了进言之人，又发布号令说：

“朝廷的威严是不可侵犯的，本官的命令也是必须要服从的。塞外之地缺少教化，不讲法制，这种局面一定要彻底改变。”

任尚的做法激起了许多人的不满，渐渐地朝廷官员开始懈怠，明里暗里和任尚对抗。西域诸国也对任尚失望，公开拒绝他的号令。

不到四年的时间，西域诸国先后反叛。任尚无计可施，只能向朝廷求救。朝廷把任尚召回，另派将领段禧出任西域都护。后来，西域的混乱局势不可收拾，朝廷只好撤销了西域都护。

原文

上求贤，毕其功而志易。

译文

当权者招揽贤士，一旦功成便会改变心志。

释评

在封建专制时代，“兔死狗烹”的事层出不穷，这是人们应该警醒的。封建当权者所谓的“招贤纳士”，其实完全是出于为己建功的需要，只是一种利用，并不是真正的爱贤敬贤。一旦事业有成，贤士在他们眼里便会一文不值。猜忌心理更会使当权者视贤如仇，定要除之而后快。明白这一点，有智慧的人就会早作打算，隐藏锋芒，以避他日灾祸。

事典

恃才傲物的王昕

北魏末年，名士王昕被太尉汝南王元悦征召为骑兵参事。

王昕卓识不凡，极有才干，但口无遮拦，做事无忌，人们都不敢得罪他。

一次，王昕和元悦一同外出射猎，回来的路上，元悦却让王昕骑马在前，他自己为王昕执鞭赶马。王昕没有推让，高昂着头骑在马上，十分自得。

元悦的左右十分气愤，对他说：

“大王高高在上，地位尊贵无比，今日屈尊为王昕策马，不想王昕竟坦然接受，毫无感激之情。这样的人实在傲慢，大王为何还要迁就他呢？”

元悦无奈道：

“王昕恃才自傲，无礼之处甚多，只是我的府中有许多事情离他不得。本王为大局计，暂且不与他计较，你们也不要生事。”

王昕的一位好友觉察出其中的隐忧，对王昕说：

“听说连太尉都为你赶马了，可见你是春风得意，不知你感觉如何？”

王昕长笑一声，爽快道：

“太尉礼贤下士，我也想成全太尉的美名。现在我处处受人尊崇，难道会感觉不好吗？”

好友心中一沉，接着说：

“贵贱有别，尊卑有序，难道你认为这是正常的事吗？无论如何，你都不该坦然接受，你这个人太不知进退了。”

王昕立刻加以反驳，且道：

“我乃贤士，太尉用我之处甚多，我是受之无愧啊。何况太尉诚心敬贤，我又怎么忍心坚持拒绝呢？如此一来，反倒显得我不知礼节，心存虚伪了。”

好友摇头，愤然道：

“你空有才学，竟是这样不识世情，大祸不远了。你要知道，太尉对你礼遇，只不过是他现在有求于你罢了，又岂是真心呢？你不谦不让，锋芒毕露，太尉焉能不生反感？我只怕你日后会遭遇不测。”

王昕以为好友嫉妒自己，脸色立变，口出不逊，好友气得转身便走。

一次，元悦把钱撒在地上，让手下人去捡。手下人争先去抢，只有王昕站立不动。元悦面上不悦，冷冷道：

“人人爱惜钱财，难道只有你一个人与众不同？”

王昕回敬说：

“我乃读书人，自不屑与人争夺小利。若不如此，王爷怎能看重我呢？”

元悦无话可说，只是心中更加不满。

王昕回府和家人说了此事，家人先是一惊，后又埋怨他说：

“太尉既然发出号令，你身为太尉属官当要听从，像你这样非但抗拒，而且还当众辩解，不是太招摇了吗？你处处和他人不同，只会多树敌人，这对你的前途并无好处啊！”

王昕不屑道：

“我自有做人做事的原则，岂能随便更改？我只求无愧于心，施展才华，又何必讨好别人呢？”

王昕无所忌讳，看不惯的事总要当面指出，不留丝毫情面。被他训斥的人难以接受，于是不停地诬陷他。

权臣高洋建立北齐后，对王昕的行为十分反感。高洋曾当面教训王昕说：

“你虽是大才，但终是为朕所用的，难道朝廷就缺你不可吗？”

王昕当面没有顶撞，心中却是愤愤不已。不满王昕的人趁机大进谗言，王昕立时四面楚歌。天保十年（559），高洋派人将王昕斩首，并把尸体扔进了漳水。

原文

下求荣，成其事而意满。

译文

地位低下的人求取富贵，目的达到了就会骄傲气盛。

释评

随着地位的变化，人是会改变的。从历史上看，特别是久居人下之人，骤得的富贵往往令其智昏，变得得意忘形。一时的成功对某些人而言并不是件好事，他们会因此放纵自己，居功自傲，不思进取，结果招风树敌，一步步走向深渊。在卑微时保持谦恭是不难的，在得志时不张扬却非易事。只有志向远大、品质高洁的人才不会落入窠臼，而是会永远保持谦逊。

事典

王世充的本来面目

王世充

本姓支，祖籍西域，史载世充卷发，利口善辩，颇窥书传，好兵法，且明习法律。隋末割据者之一，降唐后为仇家所杀。

镜　鉴

欲掌控局势，须先克制自己。

隋朝时，汴州长史王收的儿子王世充酷爱读书。他读过许多儒家经典和历史书籍，尤其爱读兵书；他还精通占卜术，且能推算历法。

王收的同僚都称赞王世充，说他必能光宗耀祖，而王收每次都是摇头，且道：

“吾儿聪明是实，可他喜欢外露，毫无掩饰，一点儿也不自谦，我看他不是干大事的人。他如果硬要做大，那么只会给他带来灾难。但愿我所料不中啊！”

隋炀帝大业初年，王世充步步高升。他在任期间，徇私枉法，收受贿赂，趾高气扬，许多人都弹劾他。

一次，隋炀帝当面质问他说：

“大臣联名弹劾于你，定有原因，你作何解释？”

王世充自恃伶牙俐齿，又仗着自己通晓法令条文，百般开脱道：

“为国分忧者常遭诽谤，这是历朝历代都有的弊病。臣掌管天下土地、户籍、赋税、财政等事，被人视为肥差，怀有私心的人因为捞不到实惠，把怨气发泄到臣的身上也是很自然的。他们只想扳倒臣，自己就可取而代之了。臣不敢自辩，望陛下明断。”

隋炀帝昏庸，不辨是非，思考之下，竟认为王世充言之有理，于是把他放过。

王世充伶牙俐齿，在朝中着实讨得了很大的便宜。他常常公开嘲笑朝官无能，激起众人的愤怒，不停地弹劾他。

最后，王世充在众人的穷追猛打之下，被迫离开了朝廷。

落魄期间，王世充曾自责地说：

“我从前志骄意满，得罪了太多人，方有今日之祸。我若翻身，就应该从谦恭待人开始啊。”

王世充从此暗中结交豪杰，不惜屈身拜访，多送财礼。这些人如果犯了罪，王世充便歪曲法令，为他们减轻罪刑。王世充的心腹担心他违法被究，进言说：

“大人执法犯法，朝廷若是知晓，大人岂不是惹祸上身？大人用前程作赌结交豪杰，是不是太亏了？”

王世充冷笑道：

“亏与不亏，不到最后就不能论断。我要超越众人，就得行非常之法啊。”

王世充善于笼络人心，许多人都对他感恩戴德，甘心为他卖命。王世充自是窃喜。他故意把功劳让给部下，把每次打仗的胜利品全都分给士兵。

战功日益增多，王世充又引起了隋炀帝的注意。有一次，隋炀帝特别召见了他，当面嘉许道：

“你治军有方，功勋卓著，为什么别人不如你呢？”

王世充狡猾地说道：

“这都是陛下天威所赐，并不是臣的功劳。臣一心忠于陛下，方会有此福报。”

隋炀帝听得开心，从此十分信任他，多次委以重任。

隋炀帝在江都被宇文化及杀死后，洛阳的大臣们尊奉杨侗即帝位。王世充被杨侗任命为吏部尚书，地位在各部之上。

王世充自恃握有兵权，他的野心又萌发了。他对心腹说：

“如今天下大乱，是英雄就要大展宏图，你们认为我该如何呢？”

心腹冷静道：

“乱象未明，大人还是不要轻举妄动。倘若大人过早走到前台，便是树大招风了，恐怕于大事不利啊。”

王世充忍耐不住，不久就逼迫杨侗把帝位传给自己。至此，他露出真面目，大肆诛杀异己，最后连杨侗都被他毒死了。

王世充日渐孤立无援，结果连吃败仗。他投降秦王李世民之后，被为他所杀的独孤机之子独孤修德杀死。

原文

不知戒惕，上下难容也。

译文

不懂得戒慎和警惕，上司与下属就不能互相容纳了。

释评

上司和下属互相依托，都要严守各自的职责“边界”，否则就会上下异心，难以成事。“藏锋”不仅对下属重要，对上司也是很关键的。一个好的上司重在能激励下属、团结众人，而不是彰显己能，自求完美。

事典

急于建功的韩通

后周世宗时，大将韩通做京城都巡检。世宗认为京城范围狭小，有扩建之心。他对大臣们说：

“京城关乎一国的威仪，理当大而广之，朕想扩建京城，你们认为如何？”

当时国力不振，百姓困苦，于是有不少大臣表示反对。他们说：

“时下仍有战乱，百姓尚需休养，如果扩建京城，势必劳民伤财，这件事不如以后再办。”

世宗很不高兴，气呼呼地说道：

“如你等所说，朕要等到何时？京城一日不修，朕便一日不安哪！”

韩通见世宗不悦，急忙劝慰说：

“凡事要有轻重缓急，扩建京城既是大事，又岂能拖延呢？陛下旨在振我国威，自不是为求个人享福，陛下的苦心我们做臣子的应该深加领会啊。”

韩通的话令世宗异常高兴。他对大臣们说：

“韩通深体朕心，而你们却不知要领，太让朕失望了。”

于是，扩建京城之事便定了下来，世宗任命韩通总管这项工程。

退朝之后，群臣围住韩通，纷纷指责他，说：

“你只顾讨好皇上，而不顾百姓的死活，这是为臣不忠啊。以前看你耿直无私，今日怎会这般势利呢？”

韩通舌战群臣，大声道：

“为臣的要听君命，这是臣子的大道，难道你们不知吗？你们公开反对君命，无论有理无理，都是大错特错的。要说不忠，你们才是真正的不忠啊！”

一位大臣斥责韩通说：

“凡事都有戒忌，你为了取悦皇上而不惜民力，出尽风头，只会受到万民的攻击啊！这件事皇上不该，而你更不应推波助澜，你这样做会让人们唾骂的。”

世宗给了韩通三年的建城期限，而韩通却另有打算。他对自己的儿子说：

“想要令皇上垂青，当要令皇上大大惊喜，我想加速建城，日夜赶工。”

韩通的儿子很有智谋，他不同意父亲的想法，劝阻道：

“大臣们反对建城，可见这件事不得人心。父亲若是再强迫民力赶工，不是更令人非议吗？一味讨好皇上也是不足取的，和众人作对更是大忌。父亲若只想升官发财，又有谁会真心拥护你呢？”

韩通鼻子一哼说：

“我乃奉旨办事，谅别人也不敢说三道四。我要赢得皇上欢心，免不了让下面的人多多受累，这是无法两全的事情。”

韩通于是到处拉夫建城，他亲自监督，催逼不止。百姓苦不堪言，只能忍耐。

韩通的一位下属劳累过度，病倒在工地上。韩通不加同情，反而责罚了他。这时，韩通的儿子又劝父亲说：

“父亲急于建功，也不应该置部下的生死于不顾。如此一来，他们心怀恨意，父亲又能依靠谁呢？部下都希望有个体恤他们的主子，而厌憎只为自己捞取名利的上司，父亲不可太苛刻了。”

韩通缺少计谋，喜欢在人前发威肆虐，人称“韩瞠眼”。他不听儿子的良言规劝，反而将儿子痛骂一顿，行为毫无收敛。

仅仅用了半年，建城工程就完工了。世宗大喜过望，夸奖韩通办事得力，立时在朝堂上宣布升迁韩通的官职，又赏赐他不少金银珠宝。

韩通因此风光无限，而人们对他的怨恨却日渐增长。他的部属也以他为耻，私下里不停地诅咒他。

赵匡胤发动陈桥兵变时，下层军官王彦升趁乱杀了韩通，以泄其愤。

韩通被杀，无人替其喊冤，许多人还拍手叫好。赵匡胤为了顺应人心，没有治王彦升的罪，只是赠韩通中书令之职，又以礼将他安葬。

原文

仁者不逐其名，仁贵焉。

译文

仁德的人不求有名，仁德才是最宝贵的。

释评

但求有名，是许多人“锋芒毕露”的原因。他们生怕埋没了自己，极力为自己宣传。其实，荣誉和名望都是虚幻的，它们可以给人带来幸运，也可以给人带来不幸。和仁德相比，外在的东西如浮云，是无法持久的。一个人可以无名，但不可以无仁无德。仁德才是处世立身的根本。珍视仁德，才不会舍本逐末。

事典

重视仁德的窦皇后

西汉文帝的皇后窦氏出身贫贱，吕氏当权时她被选入宫廷，充任宫女。

一次，吕氏为了抚慰诸王，给诸王各赏赐五位宫女，窦氏亦在名单之中。

有人给窦氏道喜，不想窦氏冷冷地说：

“宫廷争斗不休，别人眼中的好事，在我看来却未必是喜。我担心前路艰险啊！”

窦氏家在清河郡，为了离家近一些，她请求分遣的宦官把她分到赵王处。宦官提醒窦氏说：

“赵王那里对你日后前程并无好处，你切不可因小失大啊。”

窦氏回答说：

“我不求富贵，只求平安一世，还望公公成全。”

宦官口头答应，后来却忘记了此事。窦氏被分到了代地，去服侍代王刘恒。

临行之时，窦氏泪流满面，对送行的好友说：

“我的心愿不能得偿，纵是获得再大的虚名又有何用？朝命不可违，看来我是要抑郁终生了。”

来到代地，窦氏端庄稳重，凡事不与人争。代王刘恒大为好奇，不觉对她另眼相看。

一次，刘恒问她说：

“人人欲得富贵名利，而你却淡泊于此，难道你不爱这些吗？”

窦氏老实作答道：

“非妾不爱，乃爱之不得，必生怨怪，如此必损仁德。何况富贵于人终是身外之物，只有仁德才是处世立身的根本，妾唯恐在此有失啊。”

刘恒听过一惊，马上对窦氏敬重起来。他感叹道：

“你竟如此明理！许多大臣都未必有这等见识。你是上天赐给我的宝贝啊！”

从此，代王刘恒独爱窦氏，恩遇无比。窦氏先为刘恒生下一女，后又生下二子刘启和刘武。

代王刘恒未即帝位之前，王后死去，王后所生的四个儿子又接连生病而死。有人暗示窦氏说：

“看来天意护佑王妃，王妃他日必将富贵无极了。”

窦氏明白此言的用意，马上沉下脸来，训斥说：

“做人要仁德在先，方能得到上天的护佑。听你之言似是幸灾乐祸，全不为他人悲悯，这太可怕了。”

窦氏立时把谄媚之人赶出王府，自己仍然一心服侍代王。

刘恒即位后，是为文帝。他册封窦氏为皇后，立刘启为太子。

窦皇后的哥哥叫窦建，字长君；弟弟叫窦广国，字少君。少君四五岁时，因家中贫穷，曾被人掠卖，辗转十几家，曾为主人入山烧炭。

面对骤来的富贵，窦皇后担心他们染上骄气，便当面告诫他们说：

“你们吃了不少苦，现在今非昔比，有名有利，我最怕你们不知满足，变得贪婪放纵。你们现在的这个身份，必有许多人极力巴结，你们当要清醒，不可误入歧途。”

窦皇后一面教导二人，一面又请绛侯周勃、将军灌婴为长君和少君选择师傅，教授礼义。周勃和灌婴满口答应，私下高兴地说：

“外戚如果横行不法，那么朝廷就危险了。难得皇后深明大义，看来我们可以平安了此余生了。”

于是周勃和灌婴多方寻觅，选择品行最优的人和长君、少君住在一起，让他们在传授诗书的同时，用言传身教感染他们。

后来，窦长君、窦少君都成了谦谦君子，窦皇后亦得美名，荣显一生。

原文

明者不恋其位，明弃焉。

译文

明智的人不会贪恋权位，真正的明智是懂得放弃。

释评

不肯隐藏锋芒的人，多是热衷名利的人。人生的困厄往往在争夺中加剧，胜利的果实也不是死缠烂打便能得到的。如果适时地把心态放松，远离硝烟弥漫的战场，那么就可能打开新的天地。名誉地位往往是人们争夺最激烈的东西，在此遭厄陷困的人也是最多的。只看到名誉地位的好处而看不见困厄，后患便会不请自来了。

事典

不肯退让的伍子胥

春秋时期，楚国的伍子胥和申包胥是好朋友，二人惺惺相惜，常在一起谈论国家大事，互相敬重。

伍子胥的父兄被楚平王冤杀后，伍子胥悲愤难遏，发誓报仇。他对申包胥说：

“楚王无道，杀我父兄，这是任何人都无法忍受的，何况是我呢？”

申包胥亦为伍子胥哀伤，哭着对他说：

“大王昏庸，实为可恨，你还是保存性命要紧。大王自断臂膀，他是没有好下场的，你不可过于冲动啊。”

伍子胥恨恨道：

“我伍子胥岂是寻常之人？楚王与我结仇，日后他必死无疑。我不仅要杀他，更要灭楚国，以绝其嗣。”

申包胥忽然止住泪，瞪视着伍子胥，大声警告说：

“你身负大仇，找楚王寻仇就是了，为何要灭楚国呢？你行事如此偏激，不讲原则，真让人害怕。如果你一定要灭楚国，那么我一定会保卫楚国。”

后来，伍子胥投靠吴王阖闾。借助吴国的力量，伍子胥带领吴军攻入楚国都城。当时，楚平王已死，伍子胥于是把楚平王的尸体从坟墓中掘出，打了三百鞭，以示复仇。

逃到山中的申包胥听说这件事后，放声大哭。他派人见伍子胥，对他说：“你为了复仇，竟掘墓鞭尸，引狼入室，这太过分了。你违背天理，不肯退让，这是取祸之道啊。现在你大仇得报，不可再意气行事了，请你劝退吴兵，归隐山林，如此方可保全自己。”

伍子胥对来人说：

“申包胥的好意我心领了，可我不能遵命行事。我像天黑时还远未走到目的地的人，胡走乱闯，顾不上什么天道不天道了。”

申包胥对伍子胥不再抱希望，伤心道：

“他先前为复仇冲昏了头脑，现在又因贪恋权位而不肯罢手，我看他是不可救药了。我们终究是相交一场，我为他感到悲伤啊！”

申包胥跑到秦国，向秦国求救。秦国不肯答应出兵，申包胥就日夜不停地哭，七天七夜没有停止。秦哀公被感动了，于是出兵打败吴军，拯救了楚国。

夫差当上吴王后，伍子胥屡屡进谏，夫差开始厌烦他。太宰伯嚭与伍子胥不和，趁机进谗说：

"伍子胥自视甚高，又居功自傲，大王不听他的谏言，他一定不满。大王不如少和他见面，以免伤了君臣和气。"

夫差也是个狂傲之人，立时被激怒了，他冷笑道：

"伍子胥终究是臣子，难道我还怕了他不成？他若再敢胡言犯上，我是不会饶恕他的。"

伍子胥被夫差疏远，心情十分郁闷。一次，他对好友诉苦说：

"我一心为了吴国谋划，可谓废寝忘食，为何大王反而冷落我呢？"

好友动情道：

"自古君臣就多有猜疑，此事并不奇怪啊。现在大人位高权重，名望日隆，有人暗中进谗，大王自会忧心，大人该思量对策了。"

伍子胥摇头道：

"和小人计较，我不屑为之。只要我忠心办事，何愁大王不回心转意？"

好友摇头说：

"大人事事不肯让人，纵然没有错处，也会令人不快。大人的忠心不是问题的关键，依我看来，大人的权位太高才是麻烦的根源。大人若想避开祸患，当辞官让位。"

不待好友说完，伍子胥一声断喝，神情激动，愤愤道：

"我无错无过，岂能自动引退？我的一切得来不易，哪有拱手让人之理！"

伍子胥一日不肯退让，风波一日未息。最后，夫差派人赐给伍子胥一把宝剑，命其自杀，并将伍子胥的尸体装在袋里抛入江中。

原文

勇者不争其锋，勇敛焉。

译文

勇敢的人不会争强斗狠，真正的勇敢是知道收敛。

释评

英雄不会逞匹夫之勇，他们的勇敢不表现在形式上，而是表现在精神与内涵上。表面气焰嚣张的人，见识肤浅，不知天高地厚，更不懂“人外有人，天外有天”的道理，一味张狂，一遇强敌就容易栽跟头。懂得内敛是一种智慧，它以静制动，可以使自己占据主动。

事典

内敛的王龚

东汉时，王龚出身于豪门大族。成人之后，他被荐举为孝廉，走上了仕途。

王龚在担任小吏期间，忠于职守，从不懈怠。有人见他如此，对他说：

“你出身豪门，不该安于做个小吏啊。若要升迁，必要争先，你应该四处周旋，如此方可。”

王龚回敬道：

“不靠自身的本领而得来的官职，就算当上我也会感到羞耻的。我自认学识能力尚浅，不敢有非分之想。”

王龚为人谦卑，自求上进，从不与人发生争执。若有好事，他总是第一个推让，也不与人争抢。

王龚的一位长辈曾指责他说：

“官场容不得谦让，你这个样子怎能高居人上呢？你该表现自己的才能，事事抢到别人的前面，这样才会突出自己。否则，你只能一辈子位居人下了。”

王龚不和长辈理论，只淡淡地说出了自己的心愿：

“我但行好事，不问结果。心无愧疚，就是我最大的愿望。”

王龚做事认真，渐渐有了贤名，官职也得到了升迁。

王龚后来升任青州刺史，他发现几位太守贪赃枉法，于是决心弹劾他们。王龚的家人怕他惹祸，对他说：

“你一向谨慎，如今为何要冒险弹劾太守呢？”

王龚冷静道：

“我弹劾贪官，不为出名争利，而是为了朝廷，这是我应该做的事啊。如果我知情不报，那么无异于同流合污，这才是凶险万分的。我的谨慎并不是怯懦。”

王龚上书弹劾，汉安帝为此嘉奖了他，下诏任命他为尚书。

朝廷中争斗不休，王龚对此视而不见，决不参与其中。有人拉拢他说：

“身为朝官，自与州郡官不同，需要互相照应。你有名有才，若在此用心，当大有帮助啊。”

王龚不为所动，他拒绝说：

“我这个人不喜招摇，也不知趣，生怕一言不妥便得罪了他人。现在我已经很知足了，更无所求。”

王龚置身事外，谁都拿他无可奈何。他谢绝一切不正当的交往，每日上朝回来，便把自己关在府中，读书写字。

遇有大事，王龚到场也不多言一句，更多的时候还是派人代自己前往。事后，他也不过问详情，好像从未听说此事一般。

王龚如此安闲，与世无争，朝廷争斗便没有波及他。

永和元年（136），王龚被任命为太尉。

原文

生之惟艰，何足道哉？

译文

人们的生活充满了艰难，又有什么值得说的呢？

释评

与无限的宇宙相比，人是渺小的，能力是有限的。人不应盲目炫耀自己，更不能狂妄无忌。就个人而言，每个人都不是完人，各有各的问题，即使取得了一点儿成绩，也没资格蔑视他人，自我膨胀。把自己放入广大的天地中审视，才能发现自己的不足并找准自己的位置。这样，人们的“藏锋”方能化为自觉，始终如一。

事典

排斥群臣的张居正

张居正

字叔大，湖广江陵人，明代内阁首辅。出身贫寒，以科举入翰林，在政治的风浪中，高居相位，权倾朝野。

镜　鉴

独断专行，则获罪于众。

明朝权臣张居正执政期间，有时刚愎自用，表现得十分狂妄。

御史刘台曾受张居正的恩惠，二人私交深厚。他对张居正说：

“大人卓有才干，当朝无人能及，这是有目共睹的，没有人表示异议。

正因如此，大人应该保持谦逊。如今朝政全凭大人一人执掌，别人不敢进言，长此以往，我担心会对大人不利啊。”

张居正有些不快，训斥刘台道：

“你这样指责对自己有恩之人，未免有些过分了。”

刘台脸上一白，忙道：

“大人提携之恩自不敢忘，下官进言全为大人着想。其实，个人的能力终是有限的，大人如果不能团结群臣，那么大人的努力就会损耗许多，这实在是不该啊。”

刘台走后，张居正失望地说：

“我的能力人所共见，无人能及，否则皇上怎么会把朝政托付给我呢？”

张居正依然如故。刘台开始不安起来，他对家人说：

“张居正急功近利，妄想一个人改变一切，这是不可能的。”

家人说：

“你既已规劝，就别为此忧心了。他这样自高自大，若再劝他只会得罪他，这是很危险的。”

刘台长叹一声，道：

“我劝他隐藏锋芒，一是为他好，二是为了朝廷免生动荡。他的想法虽好，只是太急切了，反而会生出弊端。我身为御史，不能不履行进言之责。”

刘台深思之下，给神宗皇帝上了弹劾张居正的奏折，他说：

“陛下有纳谏之明，而张居正却没有容言之量。张居正以宰相自居，挟制在朝言官，这不仅对他个人没有好处，对国家更是不利。臣弹劾他出于公心，没有半点儿私怨。臣考中进士，张居正是主考。臣任部曹，得张居正推荐改任御史。臣受张居正恩惠实多，臣弹劾他，是以国家大义为重，私人的恩情只好抛之脑后了。”

神宗深感震动，对张居正道：

“有人弹劾你专权独断，排斥群臣，你当作何辩解？”

张居正脸色难看，争辩道：

“臣一心为国，天地可鉴。凡事必有发令之人，臣既任此职，自不敢懈怠，不想却招人攻讦，请陛下做主。”

神宗冷冷地说：

“你能力出众，也要礼待他人，共同打理朝政。倘若群臣都和你作对，朕的江山也难以安稳了。”

张居正伏地哭泣，请求辞官。他泪流满面地说：

“刘台是臣录取的进士，二百年以来从没有门生弹劾师长的。臣只有辞官谢罪。”

神宗听后，一面挽留张居正，一面又把刘台逮捕，杖一百，放逐戍边。

后来，张居正患病而死。他死后不久，一些攻击他的人竭力弹劾他。神宗下诏追夺张居正生前的所有封赏，抄没他的家产，他的家人也因此受累，遭到了刑罚。

隐智卷第二

用智者利，弄智者弊。暗用无敌，彰显无功。

不为己谋，君子之智也。莫使己亏，小人之奸也。不怨智寡，患义失焉。

上惟忠，能次之。下惟实，术次之。不明其心，厄之难止。

愚者言智，愚也。智者言智，祸也。

本卷精要

- 智谋可以消减困厄，却不能根除困厄。
- 上智不为人知，方可出奇制胜。
- 自私者常处困厄之境。
- 缺少智慧可以弥补，丧失道义难以挽救。
- 比才能更重要的是忠诚。
- 不洞察世情与人情，势必阻碍丛生，困厄不断。
- 祸患不因无智而生，反而常常因智而起。

原文

用智者利，弄智者弊。

译文

运用智谋是有利的，玩弄智谋是有害的。

释评

对智谋的盲目推崇，是许多人深陷困厄的原因之一。他们把智谋当作脱困解厄的灵丹妙药，滥加使用，不仅夸大了智谋的功效，也低估了困厄本身的影响，只能把局面搞得更糟。困厄是客观存在的，人们运用智谋，只是可以将它消减一些，绝不可因此便高估智谋，轻视困厄。过度依赖智谋，其本身便是对智谋的误解。

事典

魏孝文帝的治国术

魏孝文帝

拓跋宏，北魏第七位国君。他五岁即位，由祖母冯太后摄政多年，二十四岁亲政后，开始大刀阔斧地改革，迁都改制，并对鲜卑族实行汉化，是一位卓越的政治家、军事家、改革家。

镜　鉴

很多时候，不用智才是大智。

北魏孝文帝拓跋宏五岁时接受父亲的禅位，继承帝位。

太皇太后冯氏不喜欢他，又怕他日后对己不利，一度打算废黜他。

孝文帝长大后，有人为了讨好他，重提旧事，说：

“陛下当年幼小，太皇太后不喜欢陛下，陛下实是凶险万分哪。若不是大臣元丕、穆泰、李冲一再劝阻，陛下的大位就不保了。陛下不想出这口怨气吗？”

孝文帝冷眼看着进谏之人，忽发一声冷笑，说：

“你为了取悦朕，竟不惜攻击太皇太后，你确是个有心计的人。不过朕最恨狡诈之人，只怕你在朕这里什么也得不到。”

孝文帝不仅斥责了他，还将他贬官数级，赶出朝廷。

孝文帝为此还专门召集群臣说：

“朕任用你们治理国家，你们当把重心用在政事上，切不可挖空心思讨好朕。只要你们政绩卓著，即使你们顶撞了朕，朕也决不计较。”

北魏宫廷复杂，争斗之事屡禁不止。有人建议孝文帝说：

“现在朝廷朋党不少，且互相争权夺利，这样下去是要生乱的。陛下当用智谋各个击破，互相牵制，如此方能无患。”

孝文帝问道：

“自古比朕智谋高的君主很多，他们可曾根绝此事？”

进言之人一时错愕，回答不出。

孝文帝语气一缓，道：

“朝廷争斗，当以诚以情化解，如果用智用力，那么只会乱上加乱。朕不用智谋，而是用心感动群臣，这样才能一劳永逸！”

孝文帝首先对太皇太后表示恭敬，没有丝毫怨恨之意。他常常探视太皇太后，嘘寒问暖，无微不至。

孝文帝对自己的弟弟十分友爱，凡事体谅，不乱加猜疑，对他们说：

“我们同胞兄弟，任何事情都不能把我们分开。只要朕能做到的，你们都可大胆提出，朕一定满足。”

对于大臣，孝文帝在执法严厉的同时，又表现得十分仁慈宽厚。他说：

“执法严格是为了国家安定，而爱护你们则是出于朕的真心。朕如果放纵你们，那么朕就失职了，对你们也是大的伤害。倘若你们有生活上的难题，朕会为你们解决。此言既出，决不食言。”

孝文帝礼待群臣，一片赤诚，群臣都深受感动。他们在一起议论说：

“皇上弃天子之威、圣人之智而不用，悉心教化我们，这才是真正的明君啊！我们若不加理会，不体圣心，又有何面目立于天地之间呢？”

一次，孝文帝无意间犯了一个小小的错误，史官认为无关紧要，没有秉笔直书。孝文帝知道这件事后，训斥史官说：

“你的职责是如实记载，不可回避君王的过错。最怕史官在此多想，从而助长了君王的放荡。在这一点上，朕不敢用智用谋。如果朕无所顾忌，那么事情就一定会向坏的方向发展了。”

孝文帝事务繁多，处理朝政常常通宵达旦。有人对孝文帝说：

“天子用智而不用力，陛下太辛苦了，应该保重身体。小事就让臣子们分忧吧。”

孝文帝长叹道：

“天子之责重于泰山，朕岂能弄智取巧呢？天下无小事，朕不敢恃智而不察。”

孝文帝酷爱打猎，但为了不耽误政事，他毅然取消了狩猎活动。他对反对此议的大臣们解释说：

“花费心思用于游乐之上，必将玩物丧志，有害国家。朕不再狩猎，不是装模作样，乃是真正感悟之果。你们不管是何用意，此事不必再谏了。”

孝文帝严于律己，献身国事，使那些不务实际、玩奸使诈之人收敛了许多。在孝文帝的治理下，北魏政治清明，国力日渐强盛。

原文

暗用无敌，彰显无功。

译文

暗中使用智谋方有奇效，公开卖弄智谋就难以起到作用了。

释评

智谋贵在不为人知，如此才能出奇制胜。智谋不是用来夸耀的，而是用来实践的。人们一定要戒除虚荣之心，把自己的聪明才智适时隐藏起来，求取最高目的的达成。以智者自居、处处卖弄智谋的人绝不是真正的智者，他们浮夸、浅薄，自以为聪明，只会招致厄运。

事典

拒不改过的李密

李　密

隋末农民起义中瓦岗军后期领袖。

镜　鉴

智计用不好，会反受其害。

隋朝末年，义军纷起，天下一片混乱。以李密为首的义军势力强大，是争夺天下的有力竞争者。

打了不少胜仗之后，李密骄傲起来。他不体恤爱护士兵，军中又一向不积蓄钱帛等浮财，士兵们立了战功，竟没有东西可赏赐。

军师徐世勣内心焦虑，他对李密说：

“士兵们冲锋陷阵，生死苦战，主公无奖有罚，这是鼓舞不起人心的。我担心从此兵不力战，士气不振啊！”

李密轻蔑一笑，说：

“你的担心是多余的，你不知道，无奖有罚，正是我的智计。我就是要让士兵知道，只有不断征战才会有所收获，否则，士兵安于奖赏，他们会懈怠的。”

徐世勣哭笑不得，哀叹道：

“这种智谋不仅不足取，也过于露骨，怎会有功效呢？主公还是改弦更张，另谋更有效的方法吧！”

李密不听，士兵们怨声载道。

李密不恤士兵，反是十分优待投降的隋军将领，对其赏赐丰厚。他对手下人说：

“优待降将，必能瓦解敌人士气，争取更多的人投降，在此我们不能吝啬。”

有人质疑说：

“主公不赏士兵，反赏降将，只会激起士兵的不满。主公优待降将用意虽好，但意图明显，人人得见，只会使士兵感到不公。厚此薄彼，实不为高。”

李密勃然大怒，说道：

“我优待降将，就是要大张旗鼓地宣传，否则无人得知，又有何功效？士兵跟随我多年，应知道我的苦心，他们不该怪我。此事不可更改！”

李密开仓发放粮食，任凭来取粮的人随意拿走，不加任何限制。徐世勣见事不妥，忙规劝说：

“粮食乃生存之根，十分宝贵，主公怎能任人领取呢？主公应加以限制，留有余粮。”

李密回答说：

“我这样做，乃是让敌人知道我军粮食充足，使其知难而退。如此显示我军的实力，不是很好吗？”

徐世勣急了，大声道：

“这只是一厢情愿的做法，并不足取啊。纵是智谋，也要暗中行之，方有功效，何况此计乃自我损毁，于敌无损。主公这样做太不明智了，需马上改过。”

李密拒绝了徐世勣的提议。司仓贾润甫接着进言道：

“主公的智谋只是为了显示我军实力，可取得人民的拥护才是夺取天下的根本。现在老百姓没有粮食吃，多有饥饿而死的，他们会怎么看待主公呢？仓廪的粮食总有被拿尽的时候，没有了粮食，谁又会追随主公呢？此事关系甚大，主公不可草率。”

李密自认无失，仍然坚持自己的主张。

徐世勣对李密的作为感到十分失望，他对心腹说：

“主公行事乖张，虑事不周也就罢了，可怕的是他又拒绝规劝，不肯改过。主公这样耍弄小聪明，我担心大事难成啊。”

由于徐世勣的进谏不止，李密心中不快，便把他调到外地镇守。临行之前，徐世勣放心不下，又进言道：

“主公聪明过人，但行事不可外泄。用智当求万全隐秘，如果智谋广为人知，不加掩饰，那么敌人便会有机可乘，反对自己不利了。主公在此千万小心。”

李密不耐烦地挥挥手，说：

“事无定法，你何必这样固执？我做事自有分寸，你无须多虑。”

李密从此更无顾忌，更自以为是。他的一举一动毫无隐秘可言，于是连连惨败。最后，李密投降了李渊，接着又因反叛被杀。

原文

不为己谋，君子之智也。

译文

不为自己谋划，这是君子的智慧。

释评

自私自利是人性的弱点，也是一些人无法摆脱祸患的内在原因。有些人把智慧全用在为自己谋划上，为了达到目的不惜牺牲他人的利益。他们纵是一时得意，也终会陷入更大的困境之中，如此做法是不可取的。人不能只为自己而活，只有为他人设想，自己才会拥有一片坦途。君子博爱，他们放眼长远，心底无私，关注的是大局。他们放弃小我，经营大的天地，从而为自己营建了广阔的空间。

事典

不为己谋的田豫

三国时期，田豫在曹操手下任南阳郡太守。

当时，郡内百姓侯音聚集几千人在山里做强盗，成为一大祸患。前任太守收捕了侯音的党羽五百多人，上表奏明朝廷要处死他们，只等着行刑了。

田豫心有别想，他对属下说：

“侯音本是良民，追随他的人也是贫苦百姓，他们为何甘做盗贼呢？”

属下说：

“大人只要处死他们，便是大功一件，不必追问这些了。”

田豫叹气说：

“你们只知求功，不问实情，难怪百姓会造反哪！我对你们失望之极，看来我只能自己决断了。”

田豫了解详情后，做出了一个大胆的决定。他对属下宣布说：

“侯音一干人造反，实属无奈。天灾人祸不断，他们没有了活路，这才造反，又有谁替他们着想呢？鉴于此情此状，我决定赦免他们，全部释放。”

属下无不惊讶，有的连忙劝阻道：

“朝廷已定了他们的罪，私下赦免的话，大人一定会获罪。大人不想以此立功也就罢了，又何必冒险为他们解脱呢？大人不可自惹祸端。”

田豫反问说：

“依你之见，我冤杀他们，才是最明智的吗？剿灭贼患，我就非杀不可吗？”

属下无法对答，仍道：

“大人和他们非亲非故，如果牺牲自己来保全他们，那么我为大人感到不值。”

田豫痛心地说：

“天下动荡，百姓受苦最多。我个人前程是小，百姓性命是大。我这样做不是愚蠢，而是心有不忍啊！”

田豫于是一一召见被囚押的犯人，为他们指明了悔过自新之路，然后一一释放。有的犯人难以置信，哭着问田豫道：

“大人让我们活命，无欲无求，这是为什么呢？”

田豫笑着回答：

“我同情你们，只望你们痛改前非，不再生事。你们心有苦楚，也不该为祸乡里，使更多的人受难。我们做事不该只为自己，望你们三思。”

田豫的话令所有人感动。他们希望为田豫效命，当即相互转告。山中群盗一天之内便解散了，南阳郡一时大安。

有人把田豫私放盗贼的事上报朝廷，请求惩罚田豫，说：

“田豫身为朝廷官员而不听朝命，放走盗贼，这是抗命之罪，不惩治他就难以服众。田豫此举全是为了树立个人的威望，他是有极大野心的。”

田豫闻知有人弹劾他，并不显得惊慌，他笑说：

“我以一己之力救了五百多人的性命，还消除了贼患，纵是死了我也无悔无憾。”

田豫的朋友劝他上书自辩，说：

“你有勇有谋，这个时候不说明情由，为己脱罪，只能凶多吉少。如果这样还不行，那么即使倾家荡产也要疏通打点啊！”

田豫不肯，他坚持说：

“我诚心为国尽力，为民救苦，又怎能做那无耻之事？我不想分辩，不是我怯懦，而是我自认无失。”

在朝廷一片喊杀声中，丞相曹操却对田豫表示了赞赏，说：

“田豫看似违令，其实有功于国，非但无罪，实该嘉奖。他一夜之间使盗贼分崩，境内安定，不是大智之人又怎能做得到呢？更可贵的是他不为自己谋划，事后亦不分辩，这样的胸襟只有君子才会有啊！”

曹操重赏了田豫。从此，田豫一帆风顺，一直都受到朝廷的重用。后人赞美田豫说：

“田豫隐智不辩，舍己救人，他的好运绝不是侥幸。他是真正的仁人君子，亦是真正的智者啊！”

原文

莫使己亏，小人之奸也。

译文

不使自己吃亏，这是小人的奸邪。

释评

任何时候都想算计别人，让自己占得便宜。这是小人所为，也是他们用智的唯一目的。道德和良心不属于小人，由此决定了小人的不择手段和为人不齿。得道者多助，失道者寡助。时时计较眼前的蝇头小利，处处算计他人不使自己吃亏，这样的人天人共弃，遭受厄运是必然的。人应该有高尚的情操与崇高的追求，绝对自私的智谋无论多么高明，它的实效也是不大的。

事典

身败名裂的史弘肇

五代时期，后汉隐帝在位时，史弘肇总管禁军，权力极大。

史弘肇以聪明自居，他曾对手下人说：

“时局不稳，稍有差池便会为人算计，身陷被动。我现在执掌大权，从没停止为自己谋划，你们可做我的帮手。”

史弘肇为保权位，对不满于他的人大肆迫害，绝不手软，一时人人怕他。针对他的残暴，有人曾劝史弘肇说：

“你处处为自己谋利，无情地打击他人，只会增加人们的怨恨。现在人们畏惧你的权势，不敢反抗，他日定会报复你的。你做事不要太绝情了。”

史弘肇道：

“我事先设防，正是为了保全自己，有情只会养虎遗患，我不会那么傻的。人们恨我骂我无损我的地位，我又何必在意呢？”

史弘肇为了树立个人的权威，对京城百姓也肆意杀害。他对手下巡察的军官说：

“民有所畏，才不敢作乱生事。我总管禁军，维护治安，首先要做的便是让百姓怕我，你们尽可杀一儆百，严于执法。”

军官借机滥杀无辜，京城百姓整日担惊受怕。一位大臣就此弹劾史弘肇：

“史弘肇为己树威，不惜杀人害命，这完全是小人的行为。身为朝廷官员，不为百姓谋福，反与他们为敌。这样的人是朝廷的大害，一定要清除。”

隐帝心中忧虑，对史弘肇道：

“爱惜百姓是明主的职责，你如此残暴，朕就会背上昏君之名，朕不能等闲视之。你应该收敛些了。”

史弘肇不肯承认，诡辩说：

“臣所杀之人，无一不是该死之人，臣实是冤枉。执法贵在严明，臣不怕有骂名，只怕失职。”

史弘肇和弹劾他的人当廷辩论，他咄咄逼人，毫无愧疚之意。

他的一位朋友十分生气，事后当面责问他说：

“分明是你草菅人命，而你却大言不惭，太不知羞耻了。天地良心，为什么你这样心狠呢？”

史弘肇奸笑道：

“只要对我有利的事，我都会放手去做，考虑太多只能让自己吃亏。你的见解实在幼稚，难怪你不如我了。”

朋友和史弘肇分开后，气愤地说：

“无情无义的人一心为了自己，他是不配有朋友的。这些年我和他交往，真是与虎做伴，后悔不迭啊。”

史弘肇不仅凶狠，而且十分贪婪。他委任亲信杨乙四处搜刮，如有不从者便罗织罪名加以迫害。

史弘肇对朝廷官员也不放过，千方百计敲诈他们。他暗示朝廷官员说：

“好处不能独占，这是保住官位的秘诀。只要有权有位，还怕没有好处吗？这件事你们要仔细权衡，切不可不识轻重。”

朝廷官员知道史弘肇的为人，只好不时地给他进献财物。史弘肇得意至极，胃口越来越大，毫不掩饰。

史弘肇的一位心腹怕事情闹大，对他说：

“大人现在大权在握，我想官员孝敬大人只是迫于无奈，不是真心使然，大人就不怕他们日后有变吗？”

史弘肇轻松道：

“他们孝敬于我，本是为了保住自己的官位。我收了他们的钱财，也就不难为他们了，他们又怎会反对我呢？你想得太多了。”

让史弘肇万万想不到的是，私下里群臣结为一党，一心想要扳倒他。群臣不断向隐帝进言，力劝隐帝除掉他。

乾祐三年（950），隐帝接受了群臣的谏言，在朝堂上设下伏兵，一待史弘肇上朝，立时将他拿住，当场斩杀。

原文

不怨智寡，患义失焉。

译文

不要抱怨缺少智慧，要担心道义的丧失。

释评

缺少智慧可以有多种方法来弥补，而丧失道义就难以挽救了。许多人求利丧义，做事完全不顾后果，这是不明智的。如果智慧催生了罪恶，那么这样的智慧就是邪恶之智，只能使人堕入深渊，万劫不复。

事典

韩信的弄巧成拙

韩　信

西汉开国功臣，“汉初三杰”之一。史上著名军事统帅和军事理论家，性格桀骜。汉初，因被控谋反，被处死于长乐宫钟室。

镜　鉴

不可用智而损义，义有失，即授人以柄，祸至。

刘邦消灭项羽后，大将韩信被剥夺了军权，改封为楚王。

韩信来到楚国，找到了当年让他从裤裆下边钻过去的青年屠户，对他说：

“你当年侮辱我，幸亏我隐忍才保住自己的性命，否则哪会有今天的荣光呢？但我不想报复你。”

韩信任用青年屠户做了中尉，许多人都大感意外。韩信的亲信对他说：

“大王大人有大量，不杀死屠户已算便宜他了，还让他做官，实在于理不合。像他这样的小人，不能让人相信哪。”

韩信一笑说：

“他只是个泼皮无赖，无勇无谋，我岂会相信他？我这样做只是显示我的大度宽容，以使众人宽心，屠户不过是我的一颗棋子罢了。”

韩信自视甚高，瞧不起他人。他在楚国全凭自己意愿行事，连刘邦的号令都阳奉阴违，不加理会。

钟离眜本是项羽的手下，项羽死后他便逃奔韩信，为韩信所收留。为此，不少人对韩信说：

“敌方之将本应捆绑献给朝廷，大王不这样做，反把他视为上宾，不是太离谱了吗？更犯忌的是，皇上深恨钟离眛，大王包庇皇上的仇人，是自取祸殃啊。”

韩信起初不肯纳言，他说：

“我和钟离眛私交甚好，他落难投我，是对我的极大信任，我怎肯出卖他呢？这种事是做不得的。”

人们反复规劝，韩信开始动摇了，他自言自语道：

“为了一个钟离眛而和皇上闹翻，是不是太不明智了？”

刘邦嫉恨韩信的才能，对他并不信任。当他听说韩信收留了钟离眛时，更是怒火中烧，他咆哮道：

“韩信心有异志，早晚必反，朕要亲自领兵攻灭他。”

陈平在旁阻拦说：

“韩信善用兵，陛下不要轻启战端。以臣看来，对付韩信还应智取，陛下也就不会有刀兵之险了。”

陈平于是向刘邦献上一计，让刘邦以天子视察各地、大会诸侯的名义，骗韩信赴会，借此擒拿他。

韩信接到赴会之邀，心中慌乱，他对亲信说：

“在我看来，皇上此举不善，分明是冲我而来，我该怎么办呢？”

亲信又劝他交出钟离眛，说：

“钟离眛一日在楚，皇上就一日猜疑大王，如此大王的处境就凶险了。钟离眛对大王毫无用处，何必爱惜他呢？”

韩信心中大动，暗暗有了决定。他把钟离眛找来，说明了情况，最后说道：

“我想不出还有什么自救的方法，只有牺牲你了。你不要怪我，要怪就怪你不该和皇上结仇啊！”

钟离眛吃惊非小，但还是镇静地说：

“刘邦之所以不马上攻取楚国，是因为我在你这里，他才有所忌惮。你要逮捕我向刘邦讨好，我死之后，你接着就要倒霉。何况此事传出，你韩信便是一个背信弃义的小人，谁也不会拥护你了！”

韩信大怒，遂命人把他绑上。钟离昧破口大骂，随后自杀而死。

韩信拎着钟离昧的脑袋去见刘邦，刘邦仍是逮捕了韩信。刘邦说：

“你这个人善用智计，难道智计就会保你无事吗？钟离昧与朕有仇，但与你有旧，你杀他向朕示好，可见你心地不善啊！你如此不讲道义，不该受到处罚吗？”

韩信无话可说，只好低头认罪。

原文

上惟忠，能次之。

译文

居上者强调忠诚，才能不是最主要的。

释评

对居上者而言，比才能更重要的品质是忠诚。在他们看来，如果一个人只有才能而缺少忠诚，那么便是不可信任的，甚至是潜在的敌手，对这样的人决不可重用。天下至德，莫大乎忠。忠诚是一种态度，是一种责任，是走向成功的基石。

事典

不得善终的苏秦

苏 秦

战国时期洛阳人，纵横家，出身农家，少有壮志。初，以连横说秦王，未果。遂以合纵之策说诸国，身佩六国相印，集荣华富贵于一身。

镜 鉴

有智而不忠，权贵难久长。

战国时期，苏秦凭智慧和能言善辩，挂六国相印，风光无两。

一次，苏秦自得地说：

“我原本是个穷书生，得不到人们的重视，现在我高高在上，首先要感谢的便是我的智慧，它是我获得尊重的基石啊。”

人们承认苏秦所言无错，把他视为圣人，苏秦更得意了。

一次，一位老者求见苏秦，他不紧不慢地问苏秦：

“你每以智者自居，在我看来却是凶险至极，你想知道原因吗？”

苏秦道：

“你是第一个这样说我的人，太不可思议了，我洗耳恭听。”

老者轻声说：

“君主治理国家，驱使百姓，最担心的就是有人不忠，反对自己，从而危害自己，不利于国家的发展。听你所言，全是智谋二字，忠字却矢口不提，这不是主次不分吗？身为臣子而不言忠，反以智谋自得，这样的人又怎能走得更远呢？”

苏秦辩解一番，不以为意。

秦惠王把他的女儿嫁给燕国太子为妻。燕文侯死后，太子继位，是为燕易王。齐宣王趁着燕国国丧，夺去了燕国十座城池。燕易王十分气愤地对苏秦说道：

“先生联合六国合纵，今日齐国破坏合纵，掠我城池，先生若不能为燕国要回城池，当真会让天下人耻笑。”

苏秦胸有成竹地说：

“破坏合纵，对六国都没有好处，请让我出使齐国。”

苏秦来到齐国，见了齐宣王便道：

“大王惹祸上身，我特地来为大王消除灾祸。”

齐宣王冷笑一声说：

“你不过是燕国的说客罢了，哪里是为了齐国呢？”

苏秦郑重道：

“燕国虽然弱小，但它的国君是秦王的女婿。大王夺了燕国的城池，不仅得罪了燕国，更和强大的秦国结下了仇怨。如果秦燕联合来攻，大王可以抵挡吗？”

齐宣王一听，马上现出了忧虑之色。苏秦进一步晓以利害，终使齐宣王归还了燕国的十座城池。

苏秦立下大功，回到燕国却遭到了冷遇。许多人攻击他说：

“苏秦玩弄唇舌之术，周旋于各国之间，他虽有才能，但他对燕国并不忠诚。今日他为燕国要回了十座城池，他日他也会为别国献上百座城池。此人反复无常，四处讨好，决不可相信他。”

燕易王担心自己驱使不了苏秦，索性罢免了他的官职。苏秦深感不平，燕易王公开对他说：

“我身为国君，臣子的忠诚对我才是最重要的，否则，一个不忠的人才能再大，只会对我构成伤害。现在燕国人都怀疑你的忠心，我也不敢犯险啊。”

苏秦辩解无用，遂主动提出到齐国去为燕国做奸细。

苏秦重返齐国。不久，齐宣王死去，苏秦遂劝继位的齐滑王举行盛大葬礼，又劝他修筑高大的宫殿和扩建园林，借此消耗齐国的国力。

后来，燕将乐毅联合五国大举攻齐，苏秦的反间活动暴露，被车裂而死。

齐滑王又恨又恼，他咒骂苏秦说：

“苏秦唯利是图，不讲信义，只恨我没有及时识破他。他不得善终，这是对他最好的惩罚了！”

原文

下惟实，术次之。

译文

居下者注重实惠，权术是次要的。

释评

封建专制时代，统治者玩弄权术。他们统领下属，往往只讲利用，不讲实际，埋下了祸患的种子。人都是有欲求的，实实在在的好处不仅是生存的需要，更是对一个人价值的肯定。如果得不到实惠，那么统治者的一切智计与权术都是徒劳的。人们终会认清统治者虚伪的面目，并与其决裂。

事典

陈后主的愚顽

陈朝后主在位时，昏庸无道，迷恋歌舞，不关心政务。他身边宠爱的奸佞宦官有五十余人，衣着华丽的妖艳美女有千余人。

陈后主自己荒淫，对手下臣子却要求苛刻，猜疑不断。他公开对臣子说：

“为臣者向有不法之心，不加以制御是不行的。朕一向聪明，谁也不能欺瞒朕，你们不可心存侥幸。”

陈后主对群臣严加监视，刻薄寡恩，不假颜色。群臣一时间都十分怨恨他。

陈后主想要重罚懈怠的群臣，他气愤地说：

“臣子不为朕分忧，朕养之无用，自当弃之。”

一位大臣进谏说：

“陛下对臣下甚严，而不予以恩惠，臣下怎会尽力呢？臣下为陛下办事，应该适当予以奖赏。陛下只在驱使他们上下功夫，这样收效就不大了。”

陈后主大感不快，埋怨道：

“臣子食君之禄，难道还少吗？朕不能满足他们的贪欲。”

陈后主不厚待臣下，自己却巧立名目，收税的税目达上百种之多，民众苦不堪言。

群臣私下议论此事，个个都忧心忡忡。一个人说：

“皇上如此贪婪，全然不顾百姓疾苦，说得再好听，也是无用啊。皇上把江山视为私有，那我们何必卖力呢？”

陈后主刑罚极其残酷，陈朝的牢狱中有很多囚犯。陈后主不以为忧，反而十分自得地说：

“朕亲手制定的刑罚是完备的，任何人都别想有机可乘。现在人心不古，奸猾凶狠，朕不能不用心啊。”

百姓一片恨怨，为国事担忧的一位大臣进谏道：

“陛下聪明，应该加强教化，少用刑罚，如此方能征服人心，天下太平。现在人人都在刑罚面前色变，他们虽可一时安稳，却不保他日反抗，陛下不可认为这是妙法。”

陈后主自信地说：

“朕的智慧足可制伏任何暴徒，故不须为国事担心。只怕他们不敢暴露，这样朕就抓不到他们了。”

湘州刺史施文庆、中书舍人沈客卿执掌机密，深得陈后主的信任。他们二人行奸纳贿，压制群臣，只是瞒住陈后主一人。一些大臣联名弹劾他们二人，指责说：

“施文庆、沈客卿奸邪不法，陛下信任他们，只会导致国势衰败。他们花言巧语哄骗陛下，而不干一点儿实事，这分明是奸臣无疑，陛下一定要疏远他们。”

陈后主喜爱施文庆、沈客卿的小聪明，他拒不纳谏，反为他们辩解道：

“他们二人同为臣子，但和其他人不同，他们从不向朕讨要封赏，只是为朕卖力办事，这样的人难道不是最忠心的臣子吗？而你们只知向朕索取，全不为朕着想，朕怎会重用你们这样的臣子呢？”

一位大臣痛陈道：

“施文庆、沈客卿表面上不贪不求，这正是他们的狡猾之处，也大违人性。实际上，他们暗中掠夺，疯狂无比，这对国家危害更大，也更加可恶。”

陈后主继续信任施文庆、沈客卿，朝政更加败坏，人心更加散乱。最后，陈朝被隋朝所灭，陈后主也做了隋军的俘虏。

原文

不明其心，厄之难止。

译文

不明白人的心理，困厄就难以停止。

释评

对人的了解不能停留在表面，要深入其心，方能准确无误。一个人如果没有洞察世情与人情的能力，在沟通与交往方面就会困难重重，前进路上势必阻碍丛生，困厄不断。人的心理是隐蔽的，蒙着一层厚厚的外衣，这就需要认真观察，拨开迷雾。

事典

深谋远虑的王徽

唐宣宗大中十一年（857），京兆杜陵人王徽考中进士，最初被授予秘书省校书郎之职，后被宰相徐商召为僚属。

当时，宣宗下诏让宰相挑选一位可与公主婚配的进士子弟。一位宰相刘瑑见王徽才貌出众，便把王徽的名字报告给了宣宗，刘瑑说：

“王徽性爱读书，知礼稳重，如能娶得公主，必能令陛下宽心。”

王徽听闻此讯，反增忧虑，日夜不安起来。他的朋友问他说：

“若能娶得公主，当是大喜之事，你应当庆幸才对，为何闷闷不乐呢？飞黄腾达在此一举，你要抓住机会啊！”

王徽不悦道：

“你只见其荣，不见其辱。我不认为这是件好事，哪能高兴起来？”

朋友跺足道：

“若能入得皇门，便是高居九重，焉有不快之理？如此好事别人争抢不到，你万不可拒绝！”

王徽分析说：

“我出身寒门，朝中无亲，朝外没有靠山，倘若娶得公主，也会被人嫉妒，横加责难。何况皇家礼数甚多，复杂多变，我一个书生夹杂其中，只会处处受制。现在我平平安安，只怕以后就不能了。与其这样，我何必要为攀附富贵而置身于险地呢？”

王徽拜见宰相刘瑑，苦苦哀求道：

“我身体多病，性情木讷，实不敢高攀公主，令皇室难堪。大人的好意我心领了，此事不可再提。”

刘瑑大感意外。他苦劝王徽，王徽始终不肯，刘瑑不禁生气道：

“我把你举荐给皇上，这是天大的好事，你不仅不感恩于我，反而推三阻四，难道我是在害你吗？”

王徽连连赔罪说：

“是我福薄命浅，让大人失望了。大人可以责罚于我，但此事不能应承。”

刘瑑又怒又气，把王徽赶出府第，这件事也从此作罢了。

宰相徐商亦有不解，他私下和王徽谈及此事，说道：

“和皇家结亲虽有小失，但终有大得，你不该强烈反对啊。此事你一定是考虑不周，以致错过了大好机会。”

王徽苦笑着说：

“我历经坎坷，人情世故自是懂得一点儿。皇上招亲，只在表明爱才之心，我又何必当真呢？再说公主深居皇宫，高贵无比，纵是我侥幸入选，公主又怎会看重我呢？我不是自卑，乃是有自知之明，如果我不顾一切去猎取富贵，那么后果就难以预料了。”

徐商听了连连感叹道：

“你初入仕途，难得有这样的眼力和远见，我自愧不如啊。你说的一点儿没错，这才是真正的智者之见啊。”

王徽凭自己的努力，官职屡屡升迁，和他交往的人都十分喜欢他，说他善解人意，无私正直。

后来，徐商罢相，出镇江陵。徐商视王徽为自己的左右手，想带他一同赴任，但他怕王徽不肯，便没有开口。

王徽面见徐商，主动道：

“大人出朝在外，尚需有人辅助，如大人不弃，下官愿意追随。”

徐商吃惊地说：

“我怕耽误你的前程，这才没有向朝廷提出要求召你为幕僚。你是怎么知道我心中所想的呢？”

王徽回答道：

“我在考中进士以后，承蒙大人多方关照，此恩不敢忘怀。我不知大人所想，只想借此回报大人。”

徐商十分高兴，逢人便说王徽的美德。王徽的名望日增，后来重返朝中，官职连连晋升。大顺元年（890）十二月，王徽去世，他被朝廷追赠为太尉，赐谥号贞。

原文

愚者言智，愚也。

译文

愚笨的人谈论智谋，这是愚蠢的行为。

释评

在生活中，愚人往往喜欢谈论智谋。其实，这些自以为聪明的人，反而是最愚笨的。真正聪明的人，无论在何种处境，都能做到知人不评人、明事不论事，这才是高级的智慧，是愚人应该懂得的道理。

事典

阮籍的远见

三国时期，曹操丞相府的属官阮瑀很有才名，远近皆知。

人们称颂阮瑀，阮瑀十分自得。阮瑀的儿子阮籍对父亲说：

“身处乱世，有才有德的人树大招风，父亲为何沾沾自喜呢？父亲面对着的都是一些愚人，和他们谈论智谋无异于对牛弹琴，这是不智之举啊。”

阮瑀痛斥了阮籍一顿，对他十分失望。

阮籍性爱读书，有时几个月不出家门；他也贪恋山水，有时几天都不回家。他喝酒若狂，醉中弹琴，人们都认为他痴癫，不主动与他交往。

一次，阮瑀的朋友造访，家中高朋满座，阮瑀让儿子阮籍与朋友们相见。听人谈论一天，阮籍却一言不发。

朋友走后，阮瑀责怪儿子说：

“他们都是有识之士，你为何不当场请教学问呢？”

阮籍回道：

“他们卖弄学问，全无自己的主见，只是掉书袋而已。我不想与他们发生争论，索性保持沉默。”

阮瑀又是大怒，斥责阮籍狂妄无礼。

兖州刺史王昶听说阮籍怪异，于是相约见他。阮籍的叔父陪阮籍一同前往，他对阮籍说：

“王昶权势很大，酷好学问，你不可对他不敬。”

见面之时，王昶滔滔不绝，大谈学问之道，俨然以学者自居。

事后，叔父说：

“你坐在那里一声不吭，亦不展示自己的才华，王昶怎会赏识你呢？你错过了大好的机会，真是太可惜了。”

阮籍平声道：

“听王昶之言，貌似有学问，其实完全是个愚汉。他自以为是，只想显示自己。和这样的人论道，只会惹他不快，遭他嫉妒，哪会有好结果呢？我不想当官，更不想招祸，我们还是远远地避开他吧。”

阮籍内心十分痛苦，他曾对好友说：

“与愚人论智，本身就是愚蠢的，只恨天下愚人太多了。我满腔热血，放眼朝堂又皆被愚人占据，我志不得伸，又能向谁倾诉呢？”

好友劝他说：

“你有大才，如果不加展露，那么就辜负今生了。你对人要求太高，这样只会苦了自己。”

阮籍摇头道：

“和愚人论智，浪费唇舌不说，更重要的是遭其嫉恨，徒生烦恼。”

曹爽辅佐朝政时，权倾朝野，人人都趋从他。曹爽欲召阮籍为参军，派人劝诱阮籍说：

“你有旷世之才，当辅旷世之主。我主礼贤下士，英明盖世，你辅佐我主必有享不尽的富贵荣华。”

阮籍回答说：

“大将军眷顾小人，小人感恩不尽，焉有不报之理？无奈小人体弱多病，实有心无力，请恕小人不能追随之罪。”

阮籍回拒了曹爽之请，不少人为他感到惋惜。有的责备他说：

“大将军诚恳相邀，足见其一片真心，无论为国为私，你都不该拒绝，你太不知好歹了。”

阮籍笑而不答，亦不多言。

一年之后，曹爽被杀，他身边的人都被治罪。这时，人们才佩服阮籍的远见。

原文

智者言智，祸也。

译文

有智慧的人谈论智谋，这是招祸的行为。

释评

与愚者一样，有智慧的人有时也会自命不凡，夸夸其谈。智者亦有其局限和爱憎，不足为怪。但是若他们自矜其才、目空一切，就容易埋下祸患的种子，从而危及自身。需知，许多祸患并不是因为无智而生，而是因有智而起。

事典

一生坎坷的陈寿

陈　寿

字承祚，西晋史学家。早年在蜀汉为官，屡遭谴黜。入晋以后，历任著作郎等职。280年，晋灭东吴，结束了分裂局面。陈寿开始撰写《三国志》。

镜　鉴

为人当知收敛，有大智者不张扬。

三国时期，年少的陈寿拜蜀中名士谯周为师。陈寿聪明好学，悟性极高，谯周不时夸奖他。

陈寿喜欢与人争辩。即使无理，他一番辩解也能使别人无话可说。谯周不喜欢他这一点，直言不讳地告诫他说：

“才智不能用到邪道之上，否则有害无益。你与人争辩不休，毫不收敛，这只会激起你的逞能之心、浮躁之气。何况人大都有妒贤之缺点，你这样下去必遭挫折啊。”

陈寿后来在蜀国做官，担任观阁令史。当时，宦官黄皓专权，大臣们都攀附他，陈寿却对黄皓不理不睬。有人暗示陈寿说：

“黄皓奸诈过人，你不巴结他分明是和他作对，你觉得自己斗得过他吗？与其受难，不如应付他一下。”

陈寿不屑道：

“我乃读书人，岂能巴结一个宦官？若论智谋，黄皓哪里是我的对手？我就不屈服他，他又能把我怎样呢？”

陈寿不时在朝堂上给黄皓出难题，又出言讥讽他。黄皓心中恼怒，表面上却称赞陈寿忠心为国。陈寿自以为胜利，喜形于色。

有人提醒陈寿道：

“你不该招惹黄皓。他能掌控朝廷，必然有些厉害手段，你不该小看他。黄皓引而不发，你更要当心了。”

陈寿轻松一笑，说：

“黄皓智谋再高，在我看来也是小人的奸计，何必怕他呢？”

黄皓决心整治陈寿，他召集心腹说：

“我威加海内，无人不服，只有陈寿跳出来跟我作对，这是我决不能忍受的。读书人向来轻狂，以智者自许，我一定要让他知道我的厉害。”

黄皓指使心腹诬陷陈寿，罗织罪名，并借此讥讽陈寿：

“你是个人才，谁知这只是表面哪！现在有人揭发，你还想抵赖吗？”

陈寿大声分辩，气愤不止。他说了许多，黄皓一句未听，只道：

“天下没有主动认罪之人，特别是你这种狂妄之徒。我不想和你理论，你智谋再高也救不了自己。”

黄皓依仗权势，将陈寿罢黜，赶出朝廷。陈寿冤情难诉，无计可施。

蜀国灭亡后，在家赋闲多年的陈寿又出来做官。陈寿此时写了一部《三国志》，得到了晋朝司空张华的赞赏。

然而，陈寿一生坎坷，多次被贬，始终不受重用。晋惠帝元康七年（297），陈寿郁郁而终。

戒欲卷 第三

欲大无根，心宽无恨。好之莫极，强之有咎。

君子修身，避祸也。小人无忌，授首也。一念之失，死生之别也。

治贪以严，莫以宽。惩淫以辱，莫以隐。伐恶以尽，莫以慈。

制欲求于德，勿求于诚。悟者畅达，迷者困矣。

本卷精要

· 贪欲之根，祸患之源。

· 自找的困厄最难终结。

· 君子能审时度势，不被欲望左右，所以能够消灾解厄。

· 不遵从社会法则，任私欲膨胀，毁灭便不远了。

· 智者从不小看一念：一念之失，生死之别。

· 贪欲无穷，使困厄永伴。

· 冲动常常使人失败。

· 对待欲望的不同态度，使君子坦荡，使小人戚戚。

原文

欲大无根，心宽无恨。

译文

欲望强烈的人不能把握住自己，心地宽广的人不会充满怨恨。

释评

因为所求不得而心怀怨恨的人有很多，因为放纵欲望而困厄重重的人更不在少数。人们不该诅咒欲望，而应该责备自己任凭欲火炽盛而不加抑制。所有的困厄似乎都与欲望有关。“解铃还须系铃人”，控制欲望才是解厄的根本途径。

事典

贪得无厌的索额图

索额图

清康熙朝大臣，索尼之子，一等公，先后任国史院大学士、保和殿大学士、议政大臣、领侍卫内大臣等职，曾参与许多重大的政治决策和活动。

镜　鉴

贪欲是祸患的根源。

清康熙时，索额图被委以重任，满朝文武极力讨好他。

索额图掌权日久，渐渐养成了骄奢蛮横的习性。他自己贪婪不算，还放纵下人巧取豪夺、惹是生非。

索额图的一位心腹唯恐有变，一再进劝索额图道：

“大人高居人上，要风得风，要雨得雨，可谓无所不能了。这个时候，大人应当约束下人，免得授人以柄。我担心不利于大人的事传到皇上耳中，大人会多有不便。”

索额图久久打量这个心腹，然后平声说：

“我处在这个位置，所思所想你是猜测不出的，难怪你有这番言论。我不责罚你，以后不可再言。”

暗地里，索额图对他的弟弟心裕说：

“伴君如伴虎，我们做臣子的如果不及早为自己设想，以后就悔之不及了。现在有很多不利于我的流言，你要设法替我打压下去。”

心裕出面，极力打击反对索额图的政敌，人们只好隐忍不发。

康熙十八年（1679）北京发生了地震，左都御史魏象枢趁机弹劾索额图。他大义凛然地对康熙说：

“天有灾变，乃在示警，可见朝中出现了奸佞，陛下不可不察。”

康熙为之一惊，忙道：

“此事不可轻言，不知你指的奸佞是何人？”

魏象枢回答说：

“臣弹劾索额图结党营私，贪赃枉法。索额图贪婪奢侈，早已不是旧时那个清心寡欲的索额图了！”

魏象枢细述实情，有理有据，康熙听了震惊异常。

第二天，康熙召见索额图和其他大臣，沉痛地说：

“苍天示警，你们就无动于衷吗？朕为一国之君，责任最大，不可推托，修身反省当从朕开始！”

索额图等人不敢出声，只是磕头不止。许久，康熙对索额图说：

“你立功颇多，朕赐给你的也不少了，你该不会缺少什么吧？听说你贪婪无度，四处伸手，难道还想瞒住朕吗？”

索额图冷汗冒出，不发一言。

康熙见索额图没有强辩，语气转缓，他教训道：

“朕为天子，也不能为所欲为，何况是你呢？你已富贵之极，本该安分，如若再不知足，当受国法严惩。坏事都是欲望引发的，朕劝你诚心改过。”

康熙训诫过后，挥毫写了“节制谨度”的榜额，赐给索额图和其他大臣。

索额图又惊又吓，大病了一场。他的好友劝他说：

“皇上当廷训斥，可见此事已让皇上生怒了。为了平息祸患，你不妨借病请辞，免得被追查深究。”

索额图为保性命，只能请求解职。康熙见他有了悔意，大度不究，仍让他追随左右，信任如故。

大难过去，索额图渐渐又不安分起来，行事变得隐蔽，私欲却日见高涨。

康熙四十二年（1703），罪行累累的索额图东窗事发，被康熙下令逮捕。不久，索额图死在关押他的禁所里。

原文

好之莫极，强之有咎。

译文

喜欢不要过度，强求定有灾难。

释评

灾难的发生总有它的征兆。因为嗜好而贪求，不顾实际情况而强索，这些都有可能为自己带来祸患。人要控制自己的欲望，如果理智战胜不了欲望，那么祸患就必然会上门。诱惑无处不在，人们不能迷失自己。成功需要扎扎实实的努力和清醒的头脑，该做的一定要坚持，不该做的也一定要克制。

事典

但行好事的朵儿赤

元世祖忽必烈在位时，一次在香阁召见了儒生朵儿赤。忽必烈对朵儿赤说：

“你是西夏的有识之士，不知你对治国有何见解？”

朵儿赤的父亲曾是西夏国的史官，西夏亡国时他献城投降。朵儿赤十五岁时便通晓《论语》《孟子》《尚书》，是很有名的学者。

面对忽必烈的问话，朵儿赤不假思索地回答道：

“陛下圣明仁智，广有四海，当务之急是亲近君子，疏远小人。小人惯于甜言蜜语，陛下在此一定要保持理智，否则，小人误国的悲剧便要上演了。”

忽必烈点头道：

“你不奉承朕，直言治国之要，可见你是个正直的人。朕向来讨厌阿谀奉承之徒，因此对你十分满意。”

忽必烈高兴之下，问朵儿赤想做什么官。朵儿赤说：

“加官晋爵，是许多人的梦想，但臣却不想这样。”

忽必烈立感惊奇，问道：

“你的确与众不同，却不知是何原因令你如此呢？”

朵儿赤说：

“做官虽是荣耀，但也是责任，如果没有真才实学而硬往上爬，那么不仅国家受害，自己也要招来祸事。臣自度才学有限，所以不敢奢求。”

忽必烈哈哈大笑，连道：

“就凭你这番言语，便可证明你绝非无识之人。你既有一身才学，当要为国尽力，你不要推辞了。”

朵儿赤谦让不掉，便说：

“陛下信任微臣，微臣就斗胆建言了。现在西夏屯田，实际上是占用了正规部队，如遇战事调动，就会耽误农田耕作。西夏土地贫瘠，开垦的土地不到十分之一，如果把新长成的青年人另编户籍，充实为屯垦的人力，这样农田收获会增多，兵力也会有盈余。请允许臣做他们的总管。”

忽必烈点头应允，任命朵儿赤为中兴路新民总管。

事后，朵儿赤的家人埋怨他自讨苦吃。家人说：

“屯垦种田，这是份苦差事，别人唯恐避之不及，你不该主动请缨。皇上让你挑选官职，你应大胆选取肥差，你真是太傻了。”

朵儿赤摇头道：

“你们的见识太浅了，只想贪求高官，不想其中之患，这样会有好结果吗？”

家人齐声反驳他。朵儿赤耐心地解释说：

“谁都想荣华富贵，但也不能强取硬要啊。皇上对我了解不深，我也未建寸功，如果不懂谦让，贸然求官，那么皇上必定认为我是一个急功近利的人，这样还会看重我吗？我自请屯垦，乃是压制欲望，先行建功之举，一待有了功劳，我才能站稳脚跟，也不愁升迁了。”

家人知其心意，这才停止了争议。

朵儿赤一到任所，便全身心地主持屯垦之事。他带领青壮子弟开垦农田，堵塞黄河的九个缺口，开通它的三个流出口。

朵儿赤日夜操劳，取得了不错的业绩。有人劝他说：

“你为朝廷建功，应当随时向朝廷报告，这样，你的功劳才不会被埋没。”

朵儿赤反对说：

“如此一来，我就成了以功求荣之人了，这样反而对我不利。我还是但行好事，莫问前程吧。”

三年过后，当地田赋总额增加了一倍。忽必烈听到这个消息心中大悦，他立即提升朵儿赤为潼川府府尹，并下诏嘉奖。

原文

君子修身，避祸也。

译文

君子修身养性，是为了躲避祸患。

释评

在物欲横流的社会里，祸患和困厄潜伏着，稍不小心，便会被它们吞噬。意志力薄弱的人逃不过欲望的陷阱。这些人是可悲的，也是不值得同情的。君子令人敬佩，是因为他们不是没有欲望，而是能审时度势，决不让欲望左右自己。君子的修身养性是辛苦的，亦是艰难的，但又是值得人们称道与学习的。

事典

胡质的“小题大做”

三国时期，胡质任魏国的荆州刺史。一次，胡质远在家乡的儿子胡威前来探望父亲。胡威骑着毛驴上路了，途中，他每到一地住宿时，便一边放驴，一边砍柴做饭，历尽辛苦才来到荆州，人也瘦了很多。

胡质对儿子的举动十分赞赏，他夸道：

“你不辞劳苦，无怨无恨，可见你已经深明世事。为父为官清廉，家中贫穷，但你养成了俭朴耐劳的习性，这对你也是一笔财富啊。人活着贵在平安无难，贫穷一点并不是什么大患。”

胡质的属下听说胡威前来，纷纷前来看望，还带来了许多礼物。胡质热情地招待他们，但礼物却一概不收，他说：

“你们的心意我领了，礼物我决不会收下。不是我不讲人情，而是这样会催生我的贪欲，更会招来非议。我在这个位置上如果不严格要求自己，那么违法乱纪的现象就必然会发生，还请你们多加原谅。”

一个属下悄悄对胡质说：

“听说大人的公子一路辛苦，我等前来慰问也是人之常情，大人不该拒人于千里之外。大人贵为刺史，不应让家里穷困至此，此事若传扬出去，我们脸上也无光啊。”

胡质认真地对属下说：

“为官不贪，百姓方能受惠。这本是荣耀之事，想不到你竟以此为耻，这是很危险的。如果平时不加强修身，处处放纵，那么他日违法遭惩的后果就难以承受了。这才是真正的祸患啊！”

胡威和父亲相聚半月之后，主动提出回家之请，他对父亲说：

“我在这里影响父亲的公务，眼见父亲一切安好，我就不打扰了。”

胡质没有挽留，还感叹道：

“你如此懂事，为父十分欣慰。”

胡质送给儿子一匹丝绢作盘缠，他动情地对儿子说：

“这是为父用自己的俸禄买的，一路之上，你不要太苦了自己。”

胡质的一位属下担心胡威的安危，便借口回家探亲，先行一步，在荆州城外等着胡威。胡威出城之后，属下主动提出与胡威同行，一路上对他关怀备至。

胡威并不认识胡质的这位属下，他心中感到奇怪，便问道：

“我和你素不相识，你的关照我受之有愧，请问你到底是何人？”

那人只说：

“我和你同行，互相照顾是正常的，你不要多想。”

胡威反复追问，那人最后才说出了自己的身份。那位属下诚恳道：

“我敬佩你父亲的为人，又担心你路上不安全，这才与你做伴。我不为其他，只求把你送回家中。”

胡威这才知道对方是瞒着父亲这样做的，立时心中焦虑，他对那位属下说：

“我父亲教导我要自食其力，不能因私打扰他人。他这样做是有苦心的。做儿子的不能忘记父亲的教诲，请你马上回去吧。”

那人不肯，连忙说：

“你的父亲公务繁忙，身为属下为他尽点力也是应该的。你孤身一人，安危可虑，还是让我陪你吧。”

胡威拿出父亲送他的丝绢作为谢礼送给属下，断然与其分手了。

胡威给父亲写信说了此事，胡质随后把那位属下叫来，当面批评他说：

“无论如何，你这样做都是不对的，我也不会感谢你。修身要从小事做起，你不该为了讨好我而废弃公务，你这是陷我于不义啊！也许你会怪我小题大做，但我不能宽恕你。”

胡质不顾他人的劝说，解除了那位属下的职务；他又自责，检讨了自己的失察之过。此事过后，人们再不敢对胡质行私了。

原文

小人无忌，授首也。

译文

小人无所顾忌，是自寻死路。

释评

为了保障社会的秩序与安定，个人的欲望不能无限扩张，任何人都不例外。如果认识不到个人力量的微弱，那么就只能处处碰壁。放胆胡为是小人的行径，特别是窃取了高位的小人，他们这种特征愈加明显。一时的强大不会持久，即便高高在上也没有鱼肉他人的特权。不尊重他人与社会法则，毁灭就近在咫尺。

事典

聚敛无度的钱度

清乾隆时，进士出身的钱度曾任云南布政使、广东巡抚和广西巡抚。钱度因枉法之事被降职，出任云南布政使兼监铜厂。

钱度被贬之后，不仅不思己过，反而心有怨意。他对家人说：

“我苦读诗书，难道是为了吃苦受罪吗？现在我为封疆大吏，如果得不到一点好处，那倒不如一个土财主了，这是我难以心服的一件事啊！”

钱度自认高贵，一到云南便讲吃讲用，极尽享受。他对属下说：

“我这个人受不了辛苦，你们也不必用君子的眼光看我。云南地远民穷，我只有自己善待自己了。”

为了满足私欲，钱度千方百计捞取钱财。当时，云南的铜不仅产量最高，而且质量也最好，是铸造器械和钱币的重要原料，也是最紧俏的物资。

钱度把目光盯在了铜上。他利用手中的权力，将一大批亲信派往各铜厂去做官，掌握实权。他对亲信说：

“我派你们前去铜厂，这是一个肥差，你们要替我管好这个‘钱袋子’。有我的便有你们的，你们一定要用心。”

按照朝廷的规定，云南首先要保证北京的宝泉、宝源两个铸钱局的用铜，每年合计约六百三十万斤。云南产的铜分为三部分，一是“课铜”，约占总产量的两成，作为官税上交朝廷；二是“官铜”，约占总产量的七成，由铜厂平价卖给官府，再由官府统一调拨；三是“私商铜”，约占总产量的一成，由开采者自由买卖。

钱度指使亲信利用“官铜”和“私商铜”之间的差价，倒买倒卖。他密令亲信按最低价格大量地收购“官铜”，然后再按“私商铜”的高价卖给铜贩子。很快，钱度便赚取了大量钱财。

钱度的家人害怕惹祸上身，私下规劝钱度说：

“你被贬至此，应该吸取教训才是，如若再犯，朝廷岂会饶你？为了钱财不顾一切，你太糊涂了。”

钱度恨恨道：

“入宝山岂能空返？只恨从前我贪得不多，上下打点不够，方招来他人的嫉妒，弹劾于我。这下好了，我在云南收获甚丰，只要多送些钱财堵住众人之口，哪里会有事呢！”

钱度广行贿赂，贪欲越来越大。他为了多捞钱财，竟私下减少供应北京两个铸钱局的用铜数额，由六百三十万斤减少到三百万斤。

钱度的亲信担心出事，对钱度说：

“朝廷用铜是有定数的，大人在此不该做文章。大人不妨采取他法，否则事情难以预料。”

钱度看了亲信一眼，笑道：

“若要生财，便要不择手段，无所顾忌，否则，钱是不会主动上门的。朝廷有定数不假，但只要买通了朝廷主事之人，又有谁会查问此事呢？你们不能发大财，我看就是因为你们的胆子太小了。”

不久，有人将此情上奏乾隆，乾隆下旨追查。

钱度获悉消息后连忙召集亲信商议，他自信地对他们说：

“皇上不明真情，查案的官员尽可用金钱收买，我们用不着惊慌失措。大家要统一口径，听我的号令。”

钱度广使钱财，又装出一副认错受罚的模样。一番折腾过后，此事便不了了之。

过关之后，钱度摆酒庆贺，他对亲信训话说：

“我们平安无事，这早在我预料之中。我现在只恨从前胆子不够大，以后可要加快步伐了。你们不要怕这怕那，有我钱度做主，管保你们无事。”

钱度贪赃枉法的胆子更大了，终在乾隆三十七年（1772）事发被捕。同年七月，钱度被斩首示众。

原文

一念之失，死生之别也。

译文

一个错误的念头，就会造成生与死的差别。

释评

戒除欲望不是一朝一夕的事，它需要长期的努力。人们在任何时候都不要放纵自己，一念之失往往会使自己前功尽弃。其实，许多重大的灾难都是由微小的错误引发的。这就要求人们保有警惕之心，不要轻视小节。

事典

贺拔岳的观望

北魏孝武帝在位时，权臣高欢把持大权，谋逆之心昭然若揭。

孝武帝有心铲除高欢，于是便把心腹找来，商量大事。孝武帝哭着说：

"高欢欺朕太甚，不除此人，天下必亡，朕不能坐以待毙啊！"

心腹进言道：

"欲除高欢，非大将贺拔岳莫属，他手握重兵，对高欢不满，陛下眼下只能倚仗贺拔岳了。"

孝武帝于是密令他除掉高欢。

贺拔岳收到诏命，十分不安，他把亲信召来，说道：

"皇上命我讨伐高欢，此事可为与否，还请你们发表高见。"

事关利害，亲信各怀心事，谁也不出声。贺拔岳心中一急，斥责道：

"你们都想推卸责任，难道置我的生死于不顾吗？平日我厚待你们，想不到你们竟是这样对我。"

贺拔岳流出眼泪，一位亲信忙道：

"高欢掌握大权，皇上早已被架空，将军何必为皇上殉葬呢？依我之见，将军不能听从皇命。"

另一位亲信说：

"皇上已成为傀儡，将军不奉诏不说，还要投效高欢。若非如此，高欢必然迫害将军，对将军不利。"

亲信们都主张投效高欢，贺拔岳十分为难，他说：

"身为臣子，我不奉诏命已是不忠，又怎能投向高欢呢？我自叹实力不济，难与高欢相抗，我还是自保吧。"

贺拔岳拒不执行诏命，亦不投效高欢。他托故在原州牧战马，率兵到达平凉，以求置身事外。

对于贺拔岳的做法，他的一位朝中朋友以为不妥，特地赶到贺拔岳的营中，当面对其苦劝说：

"现在皇上与高欢相争，不可调和，你身为领兵之将应当及早做出抉择。像你这样患得患失，想两不得罪，怎么可能呢？"

贺拔岳答道：

"我不想插手其中，就是想躲避灾患，否则灾患立来呀。"

朋友说：

"你不敢表明立场，分明是私欲作祟，这才左顾右盼罢了。你该为了国家挺身而出，铲除奸佞。"

贺拔岳沉吟良久说道：

"高欢势不可挡，我讨伐他只会白白送死，又有什么用呢？我是有心无力，你就不要再逼我了。"

朋友又气又急，进一步劝道：

"你如此犹豫，后患无穷啊。高欢知道皇上密诏之事，他会饶你吗？何况你与高欢早就不和，他是不会放过你的。"

任凭朋友苦口婆心劝说，贺拔岳仍坚持己见。朋友哀叹道：

"你不听良言，终有后悔之日。"

贺拔岳亦叹气道：

“敌强我弱，这也是没有办法的事！”

贺拔岳坐以观望。高欢对他恨之入骨，他派人打探贺拔岳的一举一动，放心地对手下说：

“贺拔岳只求自保无事，他想得太简单了！官场上向来就是你死我活，我怎会让他心愿得偿呢？”

高欢加紧运作，收买了贺拔岳的手下将领侯莫陈悦。侯莫陈悦一向被贺拔岳轻视，心怀怨恨的他马上投靠了高欢。不久，侯莫陈悦以议事为名，把贺拔岳骗入自己的军营，将其杀害。

原文

治贪以严，莫以宽。

译文

整治贪欲要严刑峻法，不要宽容放纵。

释评

对贪欲不能纵容，有时施加“猛药”，“疗效”反而会更好一些。不宽容放纵，才能避免小错铸成大错，人们对此要有正确的认识。贪欲是顽疾，仅仅依靠正面教育和人的自觉是很难根除的，因为人性的弱点会诱使人投向欲望的怀抱。对贪欲手软只能催生更大的贪欲，后果更为严重。

事典

刚正不阿的耶律楚材

耶律楚材

蒙古成吉思汗、窝阔台汗时大臣，契丹人，辽皇族之后。精通汉文，博学多识。

镜　鉴

治贪须用严法，对己更不可放纵。

蒙古拖雷监国期间，燕京的歹徒为患一方。他们抢劫民财，无恶不作，满城一片恐慌。

拖雷宣召重臣耶律楚材，当面向他请教说：

“燕京贼患日重，大出我之所料，先生有何高见？”

耶律楚材道：

“贼寇如此嚣张，必有其因，请容臣详加调查。”

耶律楚材细心查询，发现歹徒都是燕京高官的亲属和一些豪强子弟。他就此向拖雷报告说：

“朝廷高官放纵亲属胡为，这是他们贪得无厌的表现，应该严加打击。如果贪欲不加制止，上行下效，那么朝廷就会为穿着官服的盗贼占据，这样太危险了。”

拖雷犹豫道：

“先生是否言重了？立国不久，尚需安抚，严加打击会人心惶惶。”

耶律楚材坚定地说：

“正因立国不久，才要从严治贪，以防蔓延。朝廷惩治了这些贼人，可以拯救更多的人。如果做到人人不敢贪，那么天下就太平了，因此犯罪的人也会大减。朝廷这样做，是对心怀贪欲之人的劝诫与警告，这才是真正的安抚啊！”

拖雷心领神会，放手让耶律楚材查办此事。

耶律楚材在掌握大量证据的基础上，将歹徒一一缉拿归案，将其中十六个罪大恶极之人枭首示众。严刑峻法之下，燕京盗患绝迹，秩序井然。

太宗窝阔台在位时，一些蒙古贵族见耶律楚材位尊权重，都很妒忌他。因此他屡受攻击，有人劝他说：

“你身为中书令，过于严厉使得大臣们得不到多少好处，他们能不怨恨你吗？为了息事宁人，你不妨给他们行个方便，他们有所获得，你也就脱困了。”

耶律楚材生气道：

“你这纯粹是愚见。贪欲是无法满足的，放纵只能让他们得寸进尺。我不能对此宽容，否则我就是国之佞臣了。”

一次，有人诬陷耶律楚材任用亲信。窝阔台当面告之此事，然后说：

“朕相信你不是这样的人，你准备如何处置这件事呢？”

耶律楚材一笑说：

“陛下何以信臣呢？”

窝阔台爽直地说：

“你不贪不占，可见你绝无私心，又怎会任用亲信？朕对你还是了解的，朕定要惩治诬告的小人。”

耶律楚材大为动情，他叩谢窝阔台，反为诬告之人求情说：

“治贪要严，而对人不可太苛。诬告之人只是对我不满，对朝廷并无大的伤害，陛下还是放过他吧。”

窝阔台私下对侍臣说：

“耶律楚材不计私仇，只为公义，朕十分感动！”

窝阔台去世后，大臣奥都剌合蛮把持了朝政，大臣们纷纷归附他，只有耶律楚材不加理会。

奥都剌合蛮担心耶律楚材和自己作对，便拉拢耶律楚材，悄悄贿赂他白银五万两。耶律楚材坚决拒绝道：

“你若没有贪欲和私心，自不用害怕我是你的敌手。我深知贪欲之害，决不会接受你的东西。”

耶律楚材经常将朝廷给他的俸禄分给自己的亲族，却从不私自为亲友加官晋爵。他为此解释说：

“睦亲之义，理当互助，这是世俗人情。倘若我从政违法，替亲友谋官，这会助长他们的贪欲，其实是害了他们。对此，我不能不谨慎啊！”

原文

惩淫以辱，莫以隐。

译文

惩戒淫欲要使其受辱，不要加以隐瞒。

释评

放纵淫欲为祸甚烈，大可以亡国，小可以亡身。淫邪之徒有时更以伪君子的面目出现，这不仅欺骗了世人，也使其有了侥幸心理，一般的处罚是无济于事的。因此，剥下他们的伪装，公开他们的罪行，显得十分必要。只有这样，他们才会诚心改过，人们才不会受害。

事典

纣王的淫恶

商朝纣王在位时，好酒好色，不理朝政。他终日与美人妲己淫乐，在朝歌修筑规模宏大的宫殿，令男女相互追逐其间。

纣王的淫恶使大臣比干愤怒，比干对其他大臣说：

“大王如此胡闹，我们不能坐视不管啊。趁现在国事尚未达到不可救药的地步，我们应冒死进谏。”

其他大臣道：

“大王贪淫不假，但我们身为臣子，怎能张扬大王的丑事呢？你有些过虑了，大王风流一些并不会危及社稷。”

比干痛心地说：“淫欲使人沉迷错乱，放纵它只能使人失去理智，百厄齐生，这哪里是小事呢？如果我们为大王掩饰过错，那么大王便会变本加厉，不思悔改，这就是我们的不忠了。为了江山，纵然大王不悦，我也要当面力谏。”

比干见到纣王，大声说：

“大王无心治国，一心贪淫，难道要把江山拱手让人吗？如果不是这样，还请大王收敛淫行，用心国事。”

纣王心中不快，勉强道：

“这都是小节。你危言耸听，是否对本王心怀不敬？”

事后，其他大臣对比干说：

“大王自有大王的尊严，你出言不逊，当众揭丑，大王不会饶恕你的。为了这些私事，你何苦如此？”

比干朗声道：

“事关国运，我岂为个人打算？我不避嫌说破此事，就是希望大王有所顾忌，早日回心转意。”

比干进谏不止，终被纣王杀害。

西伯侯姬昌见纣王如此昏庸无道，私下叹息说：

“大王贪淫害忠，祸患不可避免了。天下大乱就在眼前，只恨我不能制止啊！”

姬昌的家人道：

“此时人人只求自保，你担忧国事又有何用？你切不可出头啊！”

姬昌不敢进言，只是私下抱怨纣王，他自责说：

“我不是畏死不谏，而是死之无益啊！我仁德不够，何以拯救苍生呢？”

姬昌为此加倍努力，他笃行仁爱之道，礼贤下士，常常忙得顾不上吃饭，许多有才能的人都投靠了他。

一次，姬昌又在暗怪纣王，一位贤人对他说：

“大王淫乐不休，国事日见败坏，大人不该视之不理，私下埋怨是无用的。”

姬昌叹气道：

“比干因进谏而死，可见大王不可理喻。我有心进谏，想来也是无用。我要把大王的丑行公之于众，这样群情汹涌，大王该不会不忌惮。只是现在时机未到，仍需等待啊。”

纣王的宠臣崇侯虎为了献媚固宠，专行诬陷之事，他对纣王进谗说：

“姬昌不断行善积德，诸侯都向他归心，这对大王是不利的。大王当早作防范，以免后患。”

纣王于是把姬昌囚禁起来。

为了营救姬昌，姬昌的手下给纣王送上美女和珍奇之物。纣王高兴异常，马上答应释放姬昌。

纣王的一位心腹进言说：

“姬昌心怀不轨，大王如果因贪恋美女和宝物而放了他，那就是放虎归山了。历来国事为重，大王应该有所割舍啊。”

纣王淫欲炽盛，自是不听规劝，他还自得地说：

“人生在世应该及时行乐，何况我是天下之主呢！”

姬昌获救，后来讨伐纣王，节节胜利。纣王成了亡国之君，身死国灭。

原文

伐恶以尽，莫以慈。

译文

讨伐恶欲要斩草除根，不要滥施仁慈。

释评

恶欲如毒瘤，如不尽除，必将为患。在受到不公正待遇之时，最需要理智与清醒，如果因此堕入恶欲之中，那么一切都会化成恶果，害人害己。应该严格要求自己，不要让为恶的念头存在；更应该疾恶如仇，决不低下高贵的头颅。

事典

决不妥协的周新

明成祖时，周新任浙江按察使。

周新上任后，经常到各州县去巡视，且不带任何随从。他说：

“我微服私访，方能探得实情，否则难免办事出错啊。”

一次，周新到某县探察，他把自己打扮成平民，四处走访，了解实情。某县知县是个贪官，作恶多端。周新知道这一事实后，气愤难遏，他对当地百姓说：

“如此恶人，你们为何不去官府告发他呢？你们太老实了。”

当地百姓痛苦地说道：

“官官相护，上告也无用。知县凶狠无比，我们若是告他，定会遭其疯狂报复，我们着实害怕啊！”

周新长叹一声，对当地百姓道：

“恶人当道，你们越怕越会受害，不如起而抗之。人不能容忍恶人，否则，恶人的气焰就会更加嚣张。光是自己不作恶是不够的，更要联手打击恶人哪！”

周新独自面见知县，他故意责问知县，说：

“听说你鱼肉百姓，做尽了坏事，这是真的吗？”

知县不识周新，又见他只是平民打扮，立时勃然大怒，喝道：

“小小百姓竟敢污蔑本官，你这是活得不耐烦了！”

知县当即把周新关入狱中，准备严加处置。

狱中的囚犯都是蒙冤之人，周新在此掌握了知县更多的违法证据。周新向狱吏表明了自己的真实身份，知县闻讯过来向他磕头谢罪，求饶道：

“下官不知大人的真实身份，这才冒犯大人。大人定是听了刁民的诬告，方使大人对下官心生误会。下官只求大人宽贷。”

知县磕头不止，周新斥责说：

“你身为父母官，不为百姓谋福，只为个人谋利，这是盗贼的行径啊！你的一己之恶使全县百姓受害，对你仁慈就是对全县百姓残忍，你这是自作自受！”

周新拂袖而去。知县又惊又怕，忙拿出重金托人带给周新，向他求情。求情人说：

“是福是祸，全凭大人的一句话了。大人一言就可叫人免遭祸患，自己也会得到实惠，大人还是开恩留情吧。”

周新感到自己受到了侮辱，他怒斥求情人说：

“如果我贪图知县的钱财，那么我也是一个恶人了。人有恶欲，上天不佑，你们看错人了。”

周新的态度让他的家人惶恐难安，家人对周新道：

“官场污浊已非一日，你如此较真，当心知县报复。”

周新坚持说：

“我不能助纣为虐。恶人不除，百姓难安，我怎能胆怯呢？”

一位和知县有旧的高官找到周新，开门见山道：

“你和知县无冤无仇，惩办他对你也没有丝毫好处，为什么非要置他于死地呢？此事还容商议啊。”

周新脸色铁青，冷笑说：

"身为百姓都知道要铲奸除恶，何况我是朝廷命官？"

高官挤出笑来，低声道：

"知县和我颇有交情，我不忍见他遭此大难，特来求助于你。看在我的薄面，你就放他一马吧！"

周新神情正肃，厉声说：

"你让我执法犯法，可见你居心不良，诱我为恶。在这件事上，没有商量的余地！"

周新如实向朝廷揭露了知县的桩桩罪行，使他受到了应得的惩罚。

原文

制欲求于德，勿求于诫。

译文

制伏欲望要求助于道德，不要依赖于教令。

释评

扼制欲望是一件十分困难的事，需要付出极大的努力和决心。单纯以条条框框来规范人的行为，其作用是有限的。要克制欲望，提高人的品位，加强人的修养，这才是根本。道德能使人生追求升华，亦能使欲望减退，有这样一道堤坝，欲望之水便不会泛滥了。

事典

王杰的高尚品行

清乾隆时，王杰曾三督浙学，两督闽学，三充会试正总裁，桃李满天下。

王杰为国家选拔人才，这在势利小人的眼里，是一个肥差。一次，宠臣和珅心怀嫉妒，故意和王杰说：

“你的职位太重要了，一个书生只要得到你的垂青便可青云直上，不知那些人是如何报答你的呢？”

王杰知其心意，回道：

“为国选贤，绝不是买卖交易，我王杰何求报答呢？我若是个贪婪之人，纵使没有这个位置，也会到处伸手。你太小看我了，我王杰虽不是君子，但绝不是嗜利的小人。”

王杰不谋私利，清正廉洁，他总是教导门生说：

“人若想长久供职，必须克制欲望，坚守节操。诱惑无所不在，没有高尚的道德作支撑，终有抗拒不了的时候。你们要时刻记得，人品不高，欲望便会肆虐，到时就悔之莫及了。”

一次，王杰的一位得意门生调任回京。正遇上王杰过生日，他带上白银数百两，前去给王杰贺寿。

待门生献上礼金，王杰顿时沉下脸来，不悦道：

“我当初教导你们好好做人，难道你都忘了吗？你有这份情意已然足够，给我送礼实在不该！”

门生诚恳地说：

“恩师对我有知遇之恩，这点礼物只是聊表心意而已，恩师千万不要拒绝。此事纯属咱们师徒私事，无关其他，恩师切不可误会了我的真意。”

王杰拉住门生的手，感谢说：

“你不忘师恩，为国尽忠，为师十分高兴，这比任何礼物都要珍贵，又何必多此一举呢？如果今天我收下了你的礼物，那么你我的关系就俗气了，难免私欲萌生，这是为师不愿看到的。”

门生只好收回了礼物。

王杰的儿子聪明好学，但王杰不许他参加科举考试。王杰的同僚为之不解，询问王杰道：

“常言说‘望子成龙’，而你却不想让儿子出人头地，这是为什么呢？”

王杰摇头道：

“知子莫若父，我知道我的儿子不适合做官，我并不是有心误他。我的儿子优点虽多，但缺点亦是不少。他喜欢饮酒，争强好胜，心胸不广，他若为官只会给他带来祸患。”

一次，乾隆帝问及王杰的儿子，说：

“你正直廉洁，想来你的儿子也不会差，应该给他入仕的机会。”

王杰仍是不肯，他忧心道：

“陛下关心犬子，臣感激不尽，无奈犬子少德，难成大事。再说臣居要职，若让犬子入仕，势必惹人非议，这件事最好还是作罢。”

王杰严于律己，乾隆帝感动不已，他对群臣说：

“无德之人只求满足私欲，只会败国害家。王杰品德高尚，对自己的儿子都不肯徇私，这是一般人能做到的吗？王杰能有成就，绝非偶然哪！”

王杰生活简朴，从不铺张浪费，他反复告诫家人说：

“人都有欲望，只有平时修身养性，才能抑制它。大吃大喝会使欲望增加，骄奢会使道德凋丧，这样下去人就堕落了。我只想培养你们的良好品德，改掉富贵人家的恶习，如此你们方能一生受益。”

王杰和和珅共事多年，和珅千方百计想拉拢他，始终没有得逞。和珅败亡后，嘉庆帝夸赞王杰道：

“能长久不沾污秽，尽忠为国，非道德君子，绝难为之。王杰最难得的不是他才能出众，而是人品高贵啊！”

原文

悟者畅达，迷者困矣。

译文

彻悟的人通畅豁达，迷惑的人困厄多难。

释评

彻悟人生可以使人视野开阔，不再偏执；看不清自己的方向，人生便会困厄多难。这需要人们对欲望有本质的认识，找到人生正确的方向。适度的欲望促人奋进，过度的欲望则给人许多假象，受其迷惑是无法看清方向、参透人生的。

事典

轻启战祸的韩侂胄

韩侂胄

南宋权臣，执政十四年，权势显赫，与赵汝愚一党互相倾轧。

镜　鉴

固执己见，好大喜功，不仅祸己，而且祸国。

南宋宁宗赵扩在位时，韩侂胄身为太师，把持朝政，炙手可热。

韩侂胄野心极大，虽已能为所欲为但还不满足，他对手下人说：

“位极人臣，也不过如此，只可惜我的才学还远未施展。”

手下人献媚道：

“大人文武双全，应建奇功伟业，这样才能名垂千古。时下金国占我中原，大人何不在此有所建树呢？如此一来，大人威名远播，地位也更加突出了。”

韩侂胄来了兴致，他不假思索，脱口便道：

“此说正合我意，这样的大功我岂能让给他人呢？”

韩侂胄想要伐金，一位老臣听说后求见他，问他道：

“伐金事大，你可做好了充足的准备？如若不然，不可贸然行动。”

韩侂胄笑着道：

“从前伐金无成，都是将帅无能之果，今日有我主持其事，还怕无功吗？”

老臣见他如此轻率，急道：

“金人不可轻视，大人这般轻敌，不是吉兆啊。”

韩侂胄沉下脸来，挥手说：

“你已老了，应该好好歇息，何必为此忧心呢？”

韩侂胄一心建功，抓紧筹备伐金之事。他任用亲信吴曦做兴州都统，掌控西部军队。他又秘密接见朝廷将领，让他们做好出兵的各项准备。

不久，反对出兵的人越来越多，他们同声质问韩侂胄说：

“轻启战祸，只能有败无胜，这样朝廷就危在旦夕了。你执掌朝政，不为百姓着想，不替江山打算，难道这不是沽名钓誉吗？你为了个人的私欲而置百姓国家于不顾，这是最大的犯罪，你难道心中无愧吗？”

韩侂胄心里发虚，却恨意弥漫。他的亲信借机鼓动说：

“大人独理朝政，岂容他人指责呢？不惩办不敬之人，大人的威望就不存了。”

韩侂胄立时发作起来，他毫不犹豫地把反对出兵的人一一治罪。

韩侂胄的一位好友见他失去了理智，私下劝他说：

“你求功心切，好名若狂，其实这大可不必啊！你已高居人上，无忧无虑，不该再有非分之想了。伐金非同儿戏，倘若失败，你的处境定会不妙，这一点你要想到。”

韩侂胄辩解说：

“伐金乃是义举，我为国收复失地名正言顺，正是英雄所为，你怎么也不理解我啊？”

好友纠正他道：

“恕我直言，你伐金不过是个借口，其意全在求取功利。否则，你应该早做安排，卧薪尝胆，怎会如此草率呢？你不要自欺欺人了，这件事的后果不仅危及朝政，也会对你大大不利。”

韩侂胄一意孤行，仍是主张伐金。无能的小人苏师旦为了升官发财，一再向韩侂胄“献计献策”，韩侂胄高兴之下，竟任命苏师旦为安远军节度使。

一位将领见韩侂胄重用苏师旦伐金，多次进言说：

“将帅无能，伐金岂能有望？苏师旦才德俱无，绝不可重用。”

韩侂胄认为那将领冒犯了自己的权威，当即把他解职。韩侂胄还对其他将领说：

“我自度无失，你们若有人再敢表示异议，我定会杀之。”

韩侂胄伐金遭到了惨败，死于战争的百姓难以计数。朝廷把韩侂胄处死，用他的首级向金国求和；他的儿子被削除官职，流放到沙门岛。

省身卷 第四

自知者弗窘也。识世者无求也。

人有异，命不同焉。物有别，衰相近焉。待己如人，大计不失。

智不及事，非察莫中。人心多易，非思难度。俗不堪亲，非礼无存。

忧身者无邪，正而久焉。忧心者无疚，宁而吉焉。

本卷精要

- 有自知之明者，常处困厄之外。
- 学会取舍，才是解厄之道。
- 人的差距可以通过省身来弥补。
- 洞察了生命意义的人不可战胜。
- 律己严，待人宽，乃处世之道。
- 智慧也需不断更新。
- 慎重行事，遵循正道，乃可以长久。

原文

自知者弗窘也。

译文

有自知之明的人是不会身陷窘境的。

释评

把自己估计过高和过低的人都与失败靠得很近，他们没有败给别人，而是败给了自己。自知意味着正确看待自己的长处和短处，不去拔高和掩饰，否则就是对自己的伤害：自大可以让人干出蚍蜉撼树的傻事；自卑会使人碌碌无为，在守株待兔中失去所有的机遇。

事典

引狼入室的王皇后

唐高宗李治在位时，皇后王氏与淑妃萧氏争宠，互不相让。

皇后王氏有些心胸狭窄，她怨恨萧氏，每日不停地诅咒她。

当时，武则天落发为尼，在感业寺栖身。高宗旧情未忘，几次去探视她。王皇后听到这个消息，竟情急生智。她对心腹侍女说：

“萧淑妃是我的大敌，她迷惑皇上，皇上也不听良言。武媚娘如今仍受皇上记挂，我想利用她来对付萧淑妃，这个计策应该会成功吧？”

心腹侍女迟疑道：

“武媚娘也是个厉害角色，万一她日后成了娘娘的劲敌，娘娘岂不是引狼入室？此事还应谨慎啊。”

王皇后自恃聪明，高声说：

“萧淑妃气焰正盛，不这样就不能打败她。武媚娘的事以后再说，我相信谁也不能讨得便宜。”

王皇后于是劝说高宗把武则天接回宫中。高宗惊异道：

“朕也有此念，只恐你情有不愿，想不到你如此明事啊！”

武则天被复召入宫，封为昭仪。

王皇后对武则天十分亲热，她向武则天表明心迹道：

“我同情你的遭遇，这才劝皇上把你接回来，共享富贵。皇上如今被萧淑妃迷惑，你要帮我多劝皇上。”

武则天满口应承，心中却是另有打算。

武则天对王皇后曲承颜色，竭力讨好。王皇后十分受用，认为她老实可靠。王皇后的心腹侍女对武则天不存好感，她对王皇后说：

“和萧淑妃相比，武昭仪这个人太有心计了。萧淑妃只是争宠，武昭仪却有野心，武昭仪更加可怕，娘娘不可不防啊。”

王皇后道：

“你说的我感觉不到，难道会有这样恶毒的女人吗？”

心腹侍女说：

“娘娘知书达礼，性情温雅，而他人就未必如此了。娘娘不擅长权术之道，难免对他人存有误判。娘娘不应和武昭仪亲近，更不要相信她。”

王皇后一笑道：

“你说得太离谱了，难道我连一个昭仪都不如？我是六宫之主，我会输于别人？我知道你为我好，我不怪你，你也不要过于担心了。”

武则天入宫之后，萧淑妃很快失宠。武则天暗中建立了自己的势力，后宫独宠。渐渐地，武则天露出了真面目，对王皇后不恭不敬起来。

王皇后后悔不已，她愤恨地说：

“武昭仪恩将仇报，果然是狼心狗肺之人，我不会放过她。”

王皇后的心腹侍女在旁劝说道：

“娘娘心地善良，若论玩弄阴谋诡计，娘娘不是武昭仪的对手啊。好在娘娘眼下并未和她翻脸，不如暂且隐忍，以待时机，否则，形势更对娘娘不利。”

王皇后乱了方寸，每日都向高宗诉说武则天的短处。高宗不胜其烦，反问道：

“从前你说尽了她的好处，难道你是个反复无常的人吗？”

王皇后又哭又闹，高宗开始讨厌她。

武则天工于心计，在她的巧妙布置下，王皇后步步落败，而她自己却独占了高宗的宠幸。最后，王皇后被废黜，由武则天取而代之。

原文

识世者无求也。

译文

看透世事的人无所奢求。

释评

在困厄中，人需要反省的事情很多，但最重要的还是反省自身，查找内在的病根。人要有所追求，但追求得过多、过分，就是自不量力。学会取舍不仅是求福之道，更是避祸之学，需要人们用心体悟。智者不是无所不能的超人，而是有所不求的达观君子。

事典

心无杂念的裴休

裴　休

字公美，唐代名相。对佛教信仰相当虔诚，与禅宗有深厚因缘。能文善书，为官期间改革漕运积弊，制止方镇横赋，颇有作为。

镜　鉴

心思简单，更能集中精力做事。

唐朝时，年少的裴休和哥哥裴俦、弟弟裴俅一同在济源读书。

裴休日夜苦读，很少出门，而裴俦、裴俅却耽于玩耍，常常分心。裴休对他们说：

“读书需要极大的耐心和勤奋，你们无所不好，这样怎会学有所成呢？”

裴俦指责裴休说：

“你天天读书，难道就一定有成就吗？我想做更多的事，你这个书呆子是想不到的，需要自责的不是我们。”

一次，管山林的人送给裴俦一只鹿。裴俦、裴俅把鹿杀死，请裴休一起吃鹿肉。裴休拒绝道：

“我们是穷书生，不能贪求美味而丧失志向。今天吃肉，明天怎么办呢？这肉不是我们该吃的。”

裴俦、裴俅反复劝他，裴休就是不吃，他坚持说：

“我不是不喜欢吃肉，而是要锻炼自己的意志。你们现在还不会控制自己，将来就更加艰难了。”

后来，裴休考中进士，步入仕途。为官之时，裴休不忘本分，他不仅勤于政务，而且了无嗜好，休闲之时也是读书不辍。同僚见他如此，劝他说：

“你既已入仕，无须再像从前那样埋首书堆。现在你身在官场，可以想一想玩乐之事了。”

裴休淡淡道：

“读书为官只是个开始，我是不会放弃读书的。升迁、享受我不感兴趣，这会使人变得疯狂的。”

裴休忠厚勤奋，上司很喜欢他，几次想提拔他，裴休都推辞说：

“我的才德不够，难担大任，还是让他人担任得好。”

人们说裴休呆傻，裴休却道：

“我不是故作谦让，而是深感自己能力不足啊！如果不能胜任而勉强为之，那么祸事很快就会来，这不是自讨苦吃吗？人要时刻反省自己，不能见到好处就上。”

裴休这般持重，人们渐渐改变了对他的看法，开始推崇他。裴休官职日升，人们都心服口服，决无非议之辞。

唐宣宗大中年间，裴休官至户部侍郎，兼任盐铁转运使。盐铁转运使权力很大，裴休一上任就召集下属说：

“我是读书人出身，对贪赃枉法的事向来深恶痛绝。追求个人利益不能以损害国家和百姓的利益为代价，否则必受重惩。我这样告诫你们，是不忍见有人因此贻误终身！”

当时，官场腐败现象十分严重，主管漕运的官吏大多营私舞弊，不仅贪污盛行，而且每年翻沉的运粮官船达七十余艘。

裴休制定了一系列规章，开列漕运新法十条、立税茶法十二条，又下令彻底调查漕运中的弊案。

针对裴休的举措，有人进言说：

“为官需要圆滑和不惹众怒，你如此大规模肃贪，只会给你自己带来祸患，这太不合算了。”

裴休冷冷道：

“不惹众怒，便是狼狈为奸，这是一个正人君子应该做的事吗？我不是在自取祸患，而是在为国家消除祸患。”

进言之人把头一低，又道：

“这件事说来容易，做起来实难。现在几乎无官不贪，你为什么和别人不一样呢？你想要什么呢？”

裴休愤愤地说：

“正因为世风日下，才要有人振臂一呼，高举正义之帜。贪官失去了起码的良心，我这样做不是为我个人打算，而是在拯救他们。有了私心杂念，只会沦为小人！”

裴休大力清查贪官，整顿革新，使贪官受到了惩罚，漕运状况得到了彻底的改变。在他任职期间，经运河运到渭河、黄河沿岸粮仓的粮食达一百二十万石，沉船的事故也不再频频发生了。

原文

人有异，命不同焉。

译文

人有差异，其命运便不会一样。

释评

由于先天的原因，人与人之间的差异是很大的。这只能正视，而不该无休止地抱怨。盲目攀比只会加剧心理失衡，使自己更加被动。差异虽然存在，但经过努力还是可以弥补的，切不可妄自菲薄，失去进取之心。失败者只强调客观差异，而不查找自身的问题，是很片面的。

事典

李梦阳的“蛮干”

李梦阳

明文学家，“前七子”领袖，弘治进士，曾任户部郎中，因反对宦官刘瑾而被下狱。瑾败后，迁江西按司提学副使。

镜　鉴

任何地方都有奸佞之人，对付他们要讲方法。

明朝孝宗在位时，郎中李梦阳因弹劾权贵而被下狱。获释之后，李梦阳心中愤懑。

一日，李梦阳的朋友去看望他。李梦阳对朋友哭诉道：

“我正直无私，不想却受此大难，天理何在呢？我痛恨奸佞横行，痛恨朝廷不公，心绪难平啊！”

朋友耐心听完他的倾诉后说：

“你勇气可嘉，但方法过于激进和直白，受挫并不奇怪。你如此敢言，只怕日后会招来更大的失败哪！”

李梦阳并不赞同。朋友忠告道：

“做事要因人而异，做人也要自我审查。对付奸佞之人，如果不讲方法，这是要吃大亏的。”

弘治十八年（1505），李梦阳上书弹劾寿宁侯张鹤龄。他在激愤之下，口不择言，结果被张鹤龄抓住把柄，反咬一口，又被抓捕入狱。

李梦阳的朋友去狱中探视他。李梦阳对朋友说：

“现在到处都是奸臣，只恨我生不逢时，方有诸多苦难。”

朋友摇头道：

“你哪里是奸臣的对手？你把奸臣视若无物，策略全无，怎会不失败呢？”

李梦阳犹自辩解，毫无自省之意。

孝宗死后，武宗即位，奸臣刘瑾等“八虎”擅权。满朝文武忧心忡忡，李梦阳更是气得七窍生烟，日夜难眠。

李梦阳几次想弹劾刘瑾，都被朋友劝阻。朋友说：

“刘瑾凶狠狡猾，对付他一定要细心忍耐。你如果贸然弹劾他，那么无异于送死，白白赔上一条性命。”

李梦阳瞧不起刘瑾，更低估了他的奸猾。他说：

“一个宦官家奴，竟掌握了朝政大权，我等读书人岂能心甘？你不要说他如何阴险，他的那点伎俩微不足道。”

李梦阳和尚书韩文等人联合一处，讨论除奸之事。

韩文当先说：

“刘瑾势大，不可力敌，我等当暗中联络仁人志士，做好长期抗争的准备，这样才有取胜的希望。”

李梦阳“旧病”复发，他拍打胸膛，无比激动道：

“你我都是饱学之士，难道斗不过几个阉人？你不要畏首畏尾，尽可及早发难，讨伐奸贼。”

韩文犹疑不定，苦着脸说：

“刘瑾等人虽不学无术，但他们能接近皇上，受皇上宠幸，这就是他们所具有的最大优势，我等难以和他们相比啊！这是问题的关键，怎么能视而不见呢？”

李梦阳坚持道：

“我不能再等待了！你要是害怕，我一个人也要抗争下去。”

不久，他们的话语泄露，刘瑾疯狂报复，韩文等人被赶出朝廷，李梦阳被捕。刘瑾恨极了李梦阳，咬牙说道：

“李梦阳带头和我作对，这个人喜欢出风头，我一定要杀他示众。”

李梦阳危在旦夕，学者康海同情他，于是大力营救。康海利用自己和刘瑾是同乡的关系登门拜访刘瑾，好话说尽，李梦阳才得以免死，留下性命。

原文

物有别，衰相近焉。

译文

物有差别，其衰亡却是一样的。

释评

万物都有衰亡的一天，这是自然规律，谁也不可抗拒。认识到生命的短暂，才能不虚度光阴。如何有效地利用生命中的每一天，发挥最大潜能，这是人们应该深思的。人生价值需要自己去创造，人生难题更要自己去解决，只有洞察了生命的意义，才能奋斗终生。

事典

不肯偷生的荀爽

东汉经学家荀爽十二岁便通晓《春秋》《论语》，被人称为神童。

一次，太尉杜乔召见荀爽，问了他许多问题，荀爽都一一答上，没有一点差错。杜乔高兴地说：

“你名不虚传，可以做别人的老师了。你小小年纪，如何学得这般精深？”

荀爽回答道：

“我年纪虽小，但也深知人生苦短的道理，怎会贪玩嬉戏呢？这样一来，没人逼迫我，我也会格外认真。”

杜乔抚摸着荀爽的头，深有所悟地感叹说：

“你说得好啊，我要把你的话牢记在心，用以自勉。”

荀爽成人之后，征召他做官的邀请很多，荀爽却一概拒绝。人们问他缘由，荀爽敞开心扉说：

“我学识尚浅，自觉不懂之处甚多，如果此时贪恋功名，那么就有误学业。”

人们劝他说：

“学业好并不实用，还是做官好处多啊。你这么聪明，怎么会干这样的傻事呢？”

荀爽一笑，却不再搭腔了。事后，荀爽对家人说：

“世人太世俗了，他们见其利而不见其弊，从不反省自己，这样一定会惹上祸患。我自度学业不精，如此为官定有难决之事，倘若无法胜任，岂不害了自己？”

荀爽安心读书治学，什么也干扰不了他。

延熹九年（166），太常赵典听闻荀爽博学，专程拜访了他。见面之后，经过一番长谈，赵典道：

“你的才华不该埋没，埋没了就太可惜了，我一定荐举你为朝廷出力。”

荀爽还是推辞说：

“大人夸奖了。我学业未成，不想为官。”

赵典规劝道：

“做官也是一门学问，你也该丰富一下自己。你有才华而不发挥出来，这不仅是你的损失，也是朝廷的损失。”

在赵典的力劝下，荀爽终于答应出山，被拜为郎中。

当时，朝廷黑暗，宦官专权，有能之士并不会受到重用。荀爽无所事事，心中闷闷不乐，他对赵典说：

“我本想学有大成，为国效力，但如今看来朝廷并不需要我，为什么会这样呢？”

赵典长叹道：

“国有奸佞，正需我辈用心拯救朝廷，你哪能灰心呢？不是你的才华无用，而是还未到时候，你就暂时委屈一下自己吧。”

荀爽忍耐了一段时间，感到身心俱疲。他萌生了退意，又对赵典说：

“生命不能空耗，我在这里失去得太多了。与其漫长地等待，不如我退隐治学更有意义，我决心引退了。”

赵典劝道：

“你在朝廷为官衣食无忧，退隐之后生活就艰难了，这个你想过吗？其实朝廷之事暂可不必较真，你先要为自己的生活打算呀。”

荀爽毫不迟疑地说：

“若为了衣食而苟且偷生，活着便毫无意义了。我自信不会饿死，纵是再难，我也要十有价值的事。”

赵典还是劝他慎重，荀爽只是摇头。他最后劝赵典说：

“你也要反省自己了，如果不及早确立自己的人生方向，那么便是一件危险的事。时下宦官横行不法，他们不学无术，定会迫害我等正义之士。倘若现在不趁早脱身，祸患马上便会来了。”

赵典不相信，只是笑他多虑。

荀爽辞官之后，不久便爆发了“党锢之祸”，许多正义之士被收押。荀爽隐居在海上，又向南逃到汉滨，一连十多年，埋头著述，后被尊为大儒，广受推崇。

原文

待己如人，大计不失。

译文

对待自己像对待他人一样，就不会有致命的闪失。

释评

对人苛刻、对己宽容，这是许多人的共同弱点。不能严格要求自己，却要严格要求别人，这不仅是自私，更是取祸之道。爱惜自己就不能姑息自己的缺点和错误，否则就会祸患不断；对待他人要拿出真诚与热情，否则就会陷入四面楚歌的境地。严于律己才是对自己真正的负责。

事典

司马懿的自救

司马懿

三国时曹魏重臣，三代托孤辅政。《晋书·宣帝纪》载司马懿“聪明多大略，博学洽闻，伏膺儒教”。后期成为魏国朝政的实际操控者，是西晋王朝的奠基人。司马炎称帝后，追尊司马懿为晋宣帝。

镜　鉴

志大才高更须低调，谨小慎微方能自保。

三国时期，司马懿在曹操手下做事，战战兢兢，不敢有丝毫大意。有人问他为何如此小心，司马懿说：

“乱世为人，如果自己放纵，那么只能速死。我不想因小失大，把自己的性命断送在行为不检上。”

司马懿足智多谋，但他并不张扬，常常做出愚钝之状。他不在私下谈论别人的是非，对他人的攻击也坦然处之，不加理会。

世子曹丕和司马懿私交很好。一次，曹丕问司马懿：

“我要保住世子之位，不生枝节，该当如何行事呢？”

司马懿指点道：

“此事不难，只要世子严于律己便可。世子没有闪失，他人纵是有心攻击太子，也无处下手。”

曹丕点头称是，说道：

“看你平日小心谨慎，定是依此践行之果了。现在无人说你的不是，可见这个法子实在高明啊。”

司马懿自己小心，对家人也要求甚严，他对家人说：

“我们看似富贵无忧，其实隐患重重，随时都可能大祸临头。我们要记住这一点，自己约束自己，这样可保平安。”

曹操是一世枭雄，他觉察到司马懿志存高远，对他心存疑虑。一次，曹丕对曹操夸赞司马懿，曹操冷笑着说：

“你的阅历太浅了，一个人单凭外在表现是难下断言的。司马懿谦虚有礼，谁知他内心究竟如何呢？”

曹操命人调查司马懿，结果一无所得。曹操叹道：

“这只能说明司马懿行事小心，并不能证明他没有野心。司马懿有这样的忍耐力，当真与常人不同啊。”

有人报告曹操，说司马懿有像雄狼回头看的表情动作。曹操惊道：

“狼顾之状，乃反臣之像，司马懿更让我忧心了。”

为了验证此事，曹操一次冷不防让司马懿回头。好在司马懿在曹操面前格外小心，他正身回转，身子稳而不动，全没有狼顾之状，这才打消了曹操的疑虑。

司马懿心知曹操并不信任自己，于是更加勤奋尽忠，他对家人说：

“我不怕主公有疑，只怕你们不检点而给我惹祸。辩解解除不了主公的疑心，老实做人才可消灾。这件事谁也帮不了我们，只有靠我们自己啊！”

曹操曾做过一梦，梦见三马同槽。曹操很忧虑，对曹丕说：

“司马懿不是人臣之相，我看他要干预我们的家族之事，不如趁早除之。”

曹丕为司马懿求情道：

“司马懿质朴无华，一心为国，父亲为何一再怀疑他呢？他这个人我最了解了，请父亲不要难为他。”

曹操又说：

“你涉世不深，一定为其所迷，你哪是他的对手呢？”

曹丕不肯答应，反问道：

“父亲若要惩治司马懿，可有其谋反乱政的证据？”

曹操回答不出，曹丕随后说：

“父亲若只凭猜疑杀人，只会令天下壮士寒心。司马懿乃大才之人，他既无反状，又何必害之？儿一定能调教他，使其为国效力，不生二心。”

在曹丕力保之下，曹操才放过司马懿。司马懿听闻此事，吓得脸色立变，久久说不出话来。最后，司马懿哭着道：

“我侥幸不死，只怪我平日还是修身不够啊！”

从此，司马懿更加勤奋认真，尽职尽责。他每天打柴放牧，如同一个农夫一般。曹操观察他多时，见他不似假作，这才放下心来，消除了杀他的念头。

原文

智不及事，非察莫中。

译文

人的智慧赶不上事情的发展速度，不深入观察就无法正确判断。

释评

以智者自居的人往往不肯反省自己，他们以为凭其智慧无所不知，不会出错，事情全在他们的掌握之中。这样的智者是狭隘的，他们不知事情发展迅速，一味故步自封，终会落伍碰壁。反省自己可以找出自己的不足，提高自己的辨别能力，跟上时代发展的潮流。只有不断地更新和完善自我，智慧才能产生无穷的力量。

事典

多加思虑的元岩

北周宣帝时，元岩在朝为内史中大夫。

元岩嗜好读书，天文地理无所不知，但并不卖弄。他对同僚说：

“书是死的，而事情却是活的。我这点学问算不了什么，还要时刻自省，更加努力啊。”

同僚以为他故作姿态，反驳道：

“你是朝中最睿智之人，如你所说，我等更是不堪了。你这不是自谦，而是存心挖苦我们哪。”

元岩一笑作罢，私下却不忘苦学。

周宣帝为政昏聩，残忍暴虐，致使黎民遭殃，生灵涂炭。大臣们苦谏不止，周宣帝非但不从，反而极力打压，滥施刑罚。

大臣们无力回天，于是一同前往元岩府中，他们对元岩说：

“你是大智之人，相信你定有妙法说服皇上。我等屡屡受挫，苦不堪言，为了朝廷你切勿推辞。”

元岩不肯，他对众人说：

“我的智慧有限，又怎能担此大任呢？皇上的心思我无法揣度，我对自己也全无自信，你们还是另请高明吧。”

大臣们说元岩贪生怕死，又骂他不救苍生。元岩只是听着，始终没有应承。

众人走后，家人对元岩道：

“危难当头，你不该撒手不管，让群臣失望。你颇有智慧，为何不用呢？”

元岩叹息说：

“皇上昏庸固执，这是其本性，谁也不能改变。正因为我看透了这一点，才没有应允众人劝谏皇上。我的智慧不能改变皇上的本性，即便是圣人的智慧也不能使皇上聪明起来，我若不明其理，贸然进谏，大祸马上加身，你们愿意我这样死去吗？”

京兆郡丞乐运性情刚烈，一腔忠义。他见群臣默然，一时心痛无比，对群臣说：

“皇上无道，做臣子的不敢谏争，这是国家的大不幸。你们枉为臣子，我乐运不屑与你们为伍。”

乐运抱定必死的决心，抬棺上殿。元岩在旁劝说道：

“如果一死便可令皇上改变心志，那么我也会这么做。你明知无益而自求死路，这不是太冲动了吗？”

乐运鼻子一哼，说：

“人们把你看成智者，谁知你竟是胆小怕事之徒，看来你的学问一文不值啊！我纵是死了，也不需你的同情。”

乐运在殿上陈述周宣帝的八大过失，言辞毫无顾忌。周宣帝气得大喊大叫，脸色铁青。他命人把乐运关押起来，准备处以极刑，以消心头之恨。

群臣见周宣帝状若疯狂，为避灾祸，竟无人敢为乐运求情。元岩心中敬佩乐运这么勇敢，暗下决心要救助他。

元岩思量多时，遂对周宣帝说：

“陛下要杀乐运，臣极力拥护，不过臣还是有些担心。”

周宣帝一见元岩赞同自己，心中一松，爽快地说：

“是何担心，你尽管讲出便是，为何吞吞吐吐呢？”

元岩随后道：

“乐运老奸巨猾，他明知进谏是死，为何还要这么干呢？这里面大有玄妙。依臣看来，乐运是想借机成名，好流芳百世，陛下若是杀他便会中了他的圈套。陛下不能让他的阴谋得逞，不如赦免其罪，反加慰劳。这样一来，乐运的目的落空，陛下的圣人气度又可广为人知，传遍四海。”

周宣帝连连称妙，乐运死里逃生。事后，乐运登门拜谢元岩的救命之恩，元岩说：

“我能救你，也属侥幸，皇上无道之时，做事一定要多加思虑啊！”

原文

人心多易，非思难度。

译文

人心容易发生改变，不深入思考就难以猜测。

释评

人心的变化是微妙的，也是最难察觉的。这需要人们深入思考，在自省中发现其变化脉络。思考是自省的重要方法。没有思考，自省便流于形式。小人善于伪装，在喧嚣的尘世中，若不仔细观察思考，就会眼花缭乱，难辨真伪。只有心境宁静，人们才能在思考中扫除迷障，看破假象。

事典

安重诲的执迷不悟

五代时期，后唐明宗李嗣源在位时，安重诲以功劳最大当了枢密使，为最高军事长官。

安重诲心花怒放，他对群臣说：

“皇上情深义重，不忘我的功劳，这才是有道之主。回想从前征战之苦，又算得了什么呢？”

群臣同声祝贺他，安重诲举行宴会答谢群臣，一连欢庆了三天有余。

宴会期间，安重诲的一位谋士十分紧张，他对安重诲说：

“大人大张旗鼓地庆贺，群臣毕至，是不是太张扬了呢？皇上得知此事，又会作何想法？大人可曾考虑此节？”

安重诲一惊道：

“皇上和我情同兄弟，难道会怪罪我吗？你大惊小怪，扫我的兴致。”

谋士认真地说：

“人心易变，何况皇上呢？大人现在贵为枢密使，军权在握，做事自要用心思量。我担心大人如此举动会让皇上心生疑虑。这样一来，大人就得不偿失了。”

安重诲不耐烦了，他斥责谋士多事，仍是欢庆如故。

唐明宗听说安重诲大宴群臣，果然心中不快，他冷冷地对侍臣说：

“安重诲如此交结群臣，他这是为己树威啊！他独独把朕忘在脑后，难道他忘了他的荣耀都是朕所赐的吗？”

唐明宗从此对安重诲暗生不满，但安重诲并无察觉。

安重诲在枢密使任上，独揽大权，不听任何谏言。他事事自认为正确，对反对者只是粗暴打压。渐渐地，下属只是唯唯诺诺，做事也是随意应付。

一次，唐明宗和安重诲商议政事，安重诲滔滔不绝，唐明宗不耐烦道：

“听说你独断专行，今日看来，你在朕面前尚且失礼，此事必定为真了。”

安重诲连忙请罪道：

“一时兴发，有失臣礼，陛下责怪的是。不过臣并无独断之事，这定是有人诬陷臣，陛下不可当真。”

事后，安重诲十分恼怒，要在下属中彻查，揪出告发自己之人。安重诲的妻子阻止说：

“皇上说出此事，可见皇上已对你不满了。你若彻查追究，皇上听了更会不悦，下属也会人心惶惶。当务之急，是你要反省自己，收敛补过，也许这样才会挽回局面，不出大错。”

安重诲固执道：

“如你所说，我将失去威严，又何以御下呢？我相信皇上还是信任我的，皇上怎会过问这些小事呢？”

安重诲的妻子哭劝道：

“今非昔比，人心的改变只在一时，你不该对皇上过于信任啊！你一定要好好想想，否则就来不及了。”

安重诲一怒走开，嘴上仍是痛骂不休。

安重诲倚仗权势，培植私党，安插亲信。他的弟弟、儿子无德无能，却在他的扶植下都做了高官。投靠他的小人也受到重用，他们为非作歹，安重诲却不管不问。

一次，安重诲的谋士趁他高兴，又进言说：

“现在外面对大人议论纷纷，指责大人任用亲信。这样下去会对大人造成伤害，大人何不忍痛割爱呢？”

安重诲马上变脸道：

"任用何人这是我的权力，别人怎敢说三道四？我想怎么做就怎么做，难道我做事还要听别人的吗？"

谋士不敢再言，事后不辞而别。他说：

"安重诲不识好歹，毫无自省之意，他是必败的。我不想受累获罪，只有一走了之了。"

后来，安重诲果然获罪被杀。

原文

俗不堪亲，非礼无存。

译文

恶俗不可以亲近，不严守礼法就不能生存。

释评

社会上的恶风恶俗对人有很大的负面影响，不抵制它，就会为其侵蚀，做出种种违法乱纪之事。但外部环境的恶劣，不是放荡无礼的理由，而是提醒人们修身的必要性，否则就会内外俱腐，无法立身。严守礼法是一个人保有自身的基础，特别是在动荡年代，更是普通人解厄避祸的最大依靠，是不能舍弃的。

事典

言语无忌的卫瓘

西晋武帝时，卫瓘担任司空之职，做事偏于严苛，为人也十分倨傲。

晋武帝立自己的愚钝儿子司马衷为太子，没有人敢提出异议，只有卫瓘对晋武帝说：

“可惜了天子的宝座，臣实不能向陛下道贺啊！”

晋武帝明白他的意思，虽未当面斥责他，但心里还是不悦。

卫瓘几次提到立太子的事，晋武帝终于忍不住了，他对卫瓘说：

“这是朕的家事，满朝文武都不言及，难道只有你特殊吗？”

卫瓘赌气道：

“太子是他日的君主，关系国家命脉，岂是陛下的家事？太子智力有碍，如不能治国，天下定会多事。臣认为陛下考虑不妥，当另立太子。”

晋武帝怒斥卫瓘无礼，气道：

“你太过分了，竟敢当面指责朕。朕不治你的罪，将来也会有人惩办你。”

卫瓘心中不服，私下乱发怨言，他对同僚说：

“皇上是糊涂了，大好的江山怎能交给一个白痴呢？我劝皇上是为国分忧，我并没有半点错处啊！”

同僚听了他说的话，吓得脸色苍白，急忙制止他说：

“你如此议论皇上和太子，言语不恭，纵是无错，也是大大的不敬和失礼。这不是对与错的事，你不可再说此事了。”

卫瓘笑话同僚胆小，嘲弄道：

“你们只知保命保官，却不敢直言进谏，我卫瓘从心底蔑视你们。”

一位卫瓘的族人见卫瓘口无遮拦，私下劝他说：

“你有忠心不假，但也要遵守礼法，注意分寸。你随意议论皇上和太子，这是臣子应该做的事吗？你要知道，你的言行会使很多人愤怒，他们都会报复你的。”

卫瓘昂头道：

“我不吐不快，管不了这么多。我进谏皇上不听，只能这样发泄了。”

族人顿足斥道：

“你这是找死，亏你还理直气壮！你要躬身自省，极力补过。”

卫瓘的言语传到太子妃贾南风的耳中。她恨得牙根紧咬，问侍女说：

“这个卫瓘成心和太子作对，难道太子和他有仇吗？”

侍女摇头道：

“卫瓘一向标榜正直，他如此放肆，定是沽名钓誉。”

贾南风恨恨地说：

“这个人不把太子放在眼里，就是我们的敌人，此仇一定要报。”

晋武帝死后，司马衷即位，是为晋惠帝。贾南风成了皇后，她做的第一件事便是报复卫瓘。她对心腹说：

“卫瓘向来反对皇上，此人不除，便是大患。”

心腹迟疑道：

“皇上初立，人心未稳，此时惩治卫瓘是否太急了？不如暂时不问，一旦局势稳定下来，再治卫瓘不迟。”

贾南风立时发怒，她叫道：

“此恨我已积蓄多时，片刻也不想再等了。卫瓘险些坏了大事，他早该死了。这个人目无君长，无论如何也不能让他活在世上，伤我尊严。”

贾南风如疯如狂，她凭空捏造卫瓘谋反，以晋惠帝的名义下诏，将他逮捕。为了掩人耳目，贾南风又特命卫瓘的仇家荣晦操办此事，暗示他不必有所顾忌。荣晦大行其私，不仅卫瓘遭殃，连他的子孙九人也被杀掉。

原文

忧身者无邪，正而久焉。

译文

担忧自身的人没有邪念，遵循正道才可以长久。

释评

一个人如果不爱惜自己，就什么都敢做了，这无异于自残。为恶之人只顾眼前，不虑长远。他们以自己作赌注，不仅下场悲惨，而且为千夫所指，这是人生最大的失败。害怕惩罚并不可耻，这能使人消除邪念，是出于人们自我保护的本能，完全不必有羞于见人之感。对恶人的惩罚是必要的，用事实来警诫人们，有时比道德说教更有力度。

事典

苏琼的应变

北齐时，苏琼任清河太守，他以义养民，对百姓施行恩惠，百姓都夸赞他。

面对一片赞扬之声，苏琼十分清醒，他对属吏说：

“得到百姓肯定的人，并非都是至公之人。现在郡中还不十分太平，这一定是我还有不足啊！”

苏琼清廉不贪，从不做违法之事，他并不拔高自己，而是对属吏说：

“我不是什么君了，只不过畏惧惩罚罢了。也许你们说我胆小，但这样不惹灾祸，又有什么不好呢？你们千万不可胆大妄为，要知道纵是讨得一时的便宜，也会祸及子孙，这才是最大的傻事。”

属吏见苏琼说出了心里话，十分感动，更加敬重他。

济州刺史裴献伯重用刑罚，人们对他非议不断。苏琼对这件事却另有看法，他对属吏说：

“济州有不少暴虐之人，治理济州不采取一些严苛之法是不行的，裴献伯刑律虽严，但没有冤案，这一点就足见其爱民之意。我想由此该反省的是我，是不是清河的刑律太宽了呢？对恶人不忍严刑处置，这是我的缺点，也有捞取贤名之嫌啊！”

此后，苏琼加重了对恶人的打击力度，清河郡变得更加安定了。

文宣帝在位时，全郡发生水灾，有上千家百姓断粮。

危难之时，苏琼把郡中有粮食的人家召集起来，向他们借粮，他说：

“发生大灾，想要保全自己就必须救助灾民，否则，灾民造反，我们就都无幸运可言了。为己为人，你们都该拿出粮食来。”

苏琼把借来的粮食全部分给灾民，解救他们于危难。

不久，州里按户征收租调，那些借出粮食的人家要求用他们借出的粮食顶替。苏琼答应了他们，属吏吃惊道：

“这样一来，大人无粮上交，岂不要因此获罪吗？”

苏琼平静地说：

“此事我早想过了，我若见死不救，朝廷定会责我救灾不力；一旦激起民变，我更是罪责难逃。现在灾患已去，我只需向朝廷说明情况，我想会没事的。”

属吏不信，急切地说道：

“大人触犯法度，哪有这么轻松呢？不如大人仍按户催缴，这样方保无事。”

苏琼激动地说：

“言而无信，这才是自找祸患哪！万一有变，我也是为了救助灾民，于心无愧，又有什么可悔恨的呢？”

苏琼如实向朝廷奏报了情况，他在奏章里沉痛地说：

“我不是在故作义举，而是为了朝廷安定和解救百姓。平日我唯恐修身不够而失德坏政，求的就是保重身体，免受处罚。如果朝廷不能宽恕我，那么我恳求减免百姓钱粮，只惩治我一个人好了。”

苏琼的奏章在朝廷引发争议。有人坚持惩办苏琼，说：

“朝廷法度森严，任何人不得擅加改动和破坏，倘若此次宽恕了苏琼，此例一开，法度的尊严便荡然无存了。”

有人主张不予追究，说：

“苏琼虽有违法之处，但他安定了民心，防止了大变，实有大功于朝廷。如果他死守法度，那么受损的是整个国家。”

文宣帝听完大臣们的议论，意味深长地对他们说：

“法度的用意只在维护朝廷的安全和声望，苏琼既做到了这一点，又何必计较小节呢？在朕看来，苏琼不仅忠贞，而且善于应变，他是可以重用的人哪！”

不久，苏琼被调入朝中，升任廷尉正。

原文

忧心者无疚，宁而吉焉。

译文

担忧良心有失的人没有愧疚，心灵安宁才可谓吉祥。

释评

世上最成功的人不一定是建有大功的人。如果大功建立在无义的杀戮和征伐的基础之上，那么他们良心有失，心有愧疚，这种折磨便是一种酷刑。拷问良心是自省的最高境界，问心无愧是做人的崇高目标。只有这样，我们才能坦然前进，不用背负心灵的负担。一个人行为没有错误固然值得表彰，但没有良心上的欠账更值得敬重，这样的活法也是最轻松的。

事典

不负厚望的潘季驯

明嘉靖四十三年（1564），黄河决口，方圆数百里变成了一片汪洋。

危难关头，潘季驯被任命为右佥都御史，总理河道。他的家人劝他推辞不就，说：

“水患难治，这份差使向来是费力不讨好的，你不如托病请辞，可免烦忧。”

潘季驯一听便怒，说道：

“百姓呼天抢地，一个有良心的人此时不该为自己谋划。我若听从你们的建议，我这一辈子良心难安，你们这是害我啊！”

潘季驯日夜兼程赶到了重灾区，他天天勘察水势和堤防，不久就累得病倒了。潘季驯的属下劝他休息几日，说：

“大人治水救民，也要保重身体，何况治水也不是几天的事，大人身体要紧啊！”

潘季驯挣扎着从床上爬起，他喘息着对属下说：

“水患不除，老百姓随时都有性命之忧，我的身体有何重要？我这样做不是有人逼我，而是良心不容我安歇。”

潘季驯坚持治水，属下受其感染，没有人叫苦叫累。

一次，连日降大雨，河水暴涨。潘季驯为了探查水情，决定下河勘察。在场者无不苦苦相劝道：

“风急浪涌，大人这样下河太危险了，请暂作等待，雨停方可。”

潘季驯对众人说：

“水势大，正是勘察的好时机，这样才能发现隐患，及时治理。治水就要豁出性命，否则要我何用？”

潘季驯带着几个人跳上船，勘察沿岸堤防。

待潘季驯平安归来，他的一位朋友十分后怕地对他说：

“当时情况凶险，万一你身遭不测，你的家人又由谁照顾呢？你太冒失了，以后不可这样了。”

潘季驯一笑道：

“朝廷托我大任，百姓对我寄予厚望，这一切都不能辜负。我想此生若能治理水患，造福百姓，当死而无憾了，又有什么可惧怕的呢？家人也会理解我的。”

治水总督掌管大量钱财，被人视为可以捞钱的肥差。潘季驯为了把钱财全部用在治河之上，一面严令属下不得贪占，一面对自己要求甚严，连衣食都能减则减。他时常教育属下说：

“贪占钱财是盗贼的行径，不仅会遭人唾骂，而且会良心不安，遭受惩罚，聪明人是不能干这等事的。钱财不能花用一世，而良心的愧疚却能令人一生不得安宁。治水又等同于救百姓的性命，这个救命钱更不可妄动，否则招祸甚速啊！”

有人为了私利而行贿潘季驯，指望他购买自己的治水材料。行贿者说：

“大人治水辛苦，也该为自己想想后路。大人买谁的东西都是花钱，只要大人一句话，大人和我就都有利益了，外人也挑不出毛病，这不是件好事吗？”

潘季驯气愤道：

“看你说得这么轻松，可见你定是个见利忘义的黑心之人，我怎会和你这样的人做交易呢？治水的钱谁也不能贪占，打此主意的人都不是善类！”

潘季驯一心治水，家道贫困，不知内情的人都怪他迂腐。潘季驯的家人也埋怨他，动气说：

“别人为官，光宗耀祖，富贵兴家，你不置家产，不怕别人笑话你吗？”

潘季驯解释道：

“富贵而家破的人不在少数，这就是营私的结果，你们不能视而不见啊。我的俸禄已不少了，虽不富贵，但够衣食，为什么还不满足呢？我这样做良心无失，无灾无难，这就是宝贵的财富啊！”

潘季驯治河二十多年，先后四次担任治河总督，治河功绩甚大，赢得了天下百姓的一致赞颂。

求实卷第五

致远者实，近利者虚。众趋者慎，已悦者进。

不拘于书，则不失于本。不求于全，则不损于实。人无贱者，惟自弃也。

大智无诈，顺乎天也。小智无德，背乎情也。识寡勿忧，忧弗学也。

苦劳而少获，非实之过也。闲逸而多得，乃实之旨焉。

本卷精要

- 务实保长远，虚名易招祸。
- 坚持与求实是成功者的共同特点。
- 金科玉律只存于书本中，不存于实践中。
- 贪近者愚，求远者智。
- 求实不仅是一种态度，也是避祸的根本。
- 求实不是求取完美，而是尽量减少缺憾。
- 智者顺天行事，故远离祸患。

原文

致远者实，近利者虚。

译文

能带来长远利益的是务实，只带来眼前好处的是虚名。

释评

祸患绝不是人们希望看到的，但人们的某些行为却在无形中埋下了祸患的种子。良好的愿望不能主宰未来，保持正确的方向才是成功的保障。许多失败者不是没有努力，而是他们的努力方向有误。他们贪图虚名，放弃了务实，结果只能南辕北辙，徒然无获。务实是立足长远，虚名却一触即溃。眼前利益、投机心理迷惑人心，人们切不可贪恋。

事典

石天麟的规劝

元太宗窝阔台在位时，中书令耶律楚材选拔有才能的人做助手。石天麟参加了选拔，耶律楚材问他：

"听说你好学不倦，精通几国语言，你认为自己有才能吗？"

石天麟摇头说：

"下官并不认为这些就是才能。下官认为，最大的才能莫过于务实，不图虚名，如此做事才不会浮躁，为人方不会孤傲，这样便可托付重任了。"

耶律楚材对他的回答十分赞许，当即决定选他做自己的助手。耶律楚材向窝阔台解释了此事，他说：

"一个不务实的人纵有天大之才，他的才能也只是耗费在无止境的幻想之中，这样的人对朝廷无用，对他自己更是无益。石天麟学问精深，更难得的是，他以务实为要，我相信他可做大事。”

石天麟走马上任，果如耶律楚材所料，做出了很大成绩。

元宪宗六年（1256），宪宗派石天麟出使叛臣海都。这项使命十分危险，石天麟却坦然接受了。

有人担心石天麟的安危，于是对宪宗进言说：

“海都身为太宗之孙，他敢反叛朝廷，可见其心大恶，不可理喻。陛下派石天麟前去招抚，臣以为难以成功，不如此行作罢，亦可保得石天麟性命，使其为国效力。”

宪宗说道：

“石天麟人才难得，不到万不得已，朕也不忍让他冒险啊。朕想来想去，只有他才可担此重任，此事容朕三思。”

石天麟知道这件事后，立即求见宪宗，他请求说：

“招抚叛臣，为国消灾，此事不可有缓，陛下也切不可犹豫了。臣受陛下大恩，此时正是报国之日，望陛下恩准。”

宪宗感动不已，他叮嘱道：

“你不畏死难，忠心耿耿，朕永记在心。此去你尽可随机应变，不可强求，朕祝你早日归来。”

石天麟见了叛臣海都，反复劝其归降朝廷，他说：

“天子圣明，天下归心，你身为皇室宗亲，不该做下叛逆之事。你所求的不过是虚名罢了，并不能长远，你太不明智了。”

海都狞笑道：

“你是朝廷的说客，难道还会为我设想吗？你说的话都是骗人的，我岂会上当呢？”

石天麟不急不躁，他接着说：

“我冒死前来，早把生死置之度外，自不必虚言了。自古叛逆便是大罪之首，你可见几人善终？人活着要注重实际，要考虑将来，你这样无端反叛，自断生路，难道还让要我称赞你吗？”

海都理亏词穷。海都的部下想杀了石天麟，海都阻止道：

“这个人虽是朝廷使者，但听其言语却不是大话吓人。我敬重他是一条好汉，不要害他的性命。”

石天麟被海都扣留，他并不灰心，利用一切机会向海都宣讲恩义之道，旁敲侧击，劝他早日归正。后来，皇子北安王被劫持到海都处，石天麟安慰北安王说：

“我当初被拘此处，没有求死，只是为了说服海都，感召众将。死是容易的，活下来却是艰难的。王爷当要忍耐，我们可同劝海都归降，切实为国效力。”

最后，海都终有所悔悟，他释放了北安王，石天麟也平安还朝。

原文

众趋者慎，己悦者进。

译文

对众人追捧的事要慎重，对自己喜欢的事要敢为。

释评

盲目是人性的弱点，盲从会使人失去正确的判断，做出许多不务实的事来，有时还会把自己推向困境。众人都喜欢的事未必适合自己，盲目跟风是脱离实际的。对自己真正喜欢的事，若认准了，在做时就不必犹豫。事实上，坚持自己的追求是成功者的共同特点。他们特立独行，敢作敢为，由此才走出一条真正属于自己的成功之路。

事典

不随俗的宗泽

宗　泽

南宋著名主战爱国将领，徽、钦二帝被掳后，宗泽用岳飞为大将军，屡战屡胜，金人敬畏。然宗泽二十四次上书高宗赵构还都，都被投降派所阻，忧愤而逝。

镜　鉴

遵循真心，无益于世俗功利，却可最好地发挥才能。

北宋哲宗元祐六年（1091），宗泽参加了科举考试。考试之前，宗泽和众学子议论天下大事，宗泽说：

“现在朝政弊端颇多，我们读书人应该敢为人先，为天下苍生请命。如有机会，我一定建言政事，尽抒己见。”

众学子和他争辩道：

“我们读书人当以入仕为头等要务，否则寒窗之苦就枉受了。如你所说议论朝政弊端，岂不自毁前程？这样做了，又有哪个考官敢选取你呢？你还是随俗一点，切不可因此招来祸患。”

宗泽说众学子没有气节，众学子却嘲笑他不识时务。

考试之时，宗泽在文章中大胆直言，对朝政弊端多有剖析。考官见文大惊失色，阅毕叹息说：

“此文文采飞扬，笔力雄健，实是一篇难得的好文。只可惜文中言辞激进，恐怕写此文者难以高中了。”

考官爱惜宗泽的才华，于是将文章呈给主考官，且说：

“这篇文章文笔纵横，颇见功力，只是立意有些偏激。下官以为人才难得，恳请大人网开一面。”

主考官看罢文章，亦是一惊，他皱眉道：

“这个书生妄议朝政，言多冒犯，录取他岂不犯了大忌？他敢写下此文，难道不想入仕了吗？”

考官极力劝说主考官，最后，考官动情地说：

“下官以为，作此文者虽有言语不妥之处，但他乃是真心为国，一片赤诚。他不是空谈，更不是粉饰太平，这样的人才是朝廷缺乏之才，正可干些实事。”

考官百般央求，主考官勉强将宗泽录取，却是放到了甲科最后。

宗泽考上了进士，保荐他的考官召见他，对他说：

“你才学甚佳，只是言辞不合时宜，以后你要注意。”

宗泽谢过考官，却道：

“言之无物，是文章的大忌，更是为政的大忌。我决心做官为民，多干实事，不负大人举荐之恩。”

考官见他态度坚决，亦被感染。他勉励宗泽道：

“你有如此大志，我也就放心了。望你永葆斗志，为国分忧。”

宗泽被任命为馆陶县尉。当时，朝廷大力开凿御河，适值隆冬季节，有许多服役的人冻僵倒下。宗泽见状不忍，他给朝廷上书，建议等到开春之时开河。他说：

“为了开河而使百姓痛苦、丧命，这不仅有失仁道，而且动摇国本，令百姓怨恨朝廷。百姓的性命需要朝廷来保障，朝廷的安定需要百姓来维护，如果朝廷做事背离了这一宗旨，那么就是虚实不辨、轻重不分。”

朝廷采纳了宗泽的建议。

宗泽在任龙游县令时，见当地百姓不读书，忧心如焚。他问属吏说：

“没有学问就干不成大事，你知道百姓为何不读书吗？”

属吏回答道：

"龙游地偏人穷，人们养家糊口尚且艰难，哪有钱财读书呢？龙游没有一处学堂，官府也从未管过此事。"

宗泽长叹说：

"百姓知书，方能达礼，这件事官府不能不管。这是一件实事，对朝廷有利，对百姓更是好处多多。"

宗泽于是修建学堂，安排老师，整日忙碌不休。有人说他自讨苦吃，对升迁无益。宗泽却自信地说：

"开启民智，教化风气，这是惠及万代的实事，我不能不做啊！与之相比，升迁事小，我是不会有悔的。"

原文

不拘于书，则不失于本。

译文

不拘泥于书本上的知识，就不会偏离事物的本意。

释评

真知来源于实践，书本上的知识并不是绝对值得信赖的。一切唯书的人是僵化的，也是不务实的。他们把书本知识当作金科玉律，而不深入实际加以验证和思考，其结果多是偏离事物本意，失败也是难免的了。人需要用自己的眼光看世界，独立思考是必不可少的，这是一切成功的根基。

事典

王充的践行

王 充

东汉思想家。少时受业洛阳太学，师事班彪。历任县、郡功曹，州从事、治中等职，后辞官家居。汉章帝曾特诏公车征聘，因病未行。

镜 鉴

实地考察，方能摆脱书本教条，做出正确决策。

东汉时，会稽郡上虞人王充来到京城，在太学就学，拜扶风人班彪为师。

班彪是大儒，他对王充的勤奋好学十分欣赏。一次，王充请教班彪，班彪为他讲解之后，又说：

“你很聪明，领悟得很快，但这并不是最有效的学习之法。凡事你还要多加思索，在实践中加以体验，这样才能学以致用，使偏见和疑虑得以清除。”

王充疑惑道：

“先生乃当世大儒，难道先生对圣人之书也有疑问吗？”

班彪告诫说：

“天地之学，纵是圣人也难窥全豹，还须我等自己观察啊。你不要拘泥于章句之学，否则就无法应变了。”

王充深受启发，从此不仅苦读，而且苦思，对世事始终保持着关注之态。

学成归来，王充在会稽郡做了功曹。太守起初对王充十分器重，太守说：

“你学问大成，有你辅佐，我相信一定能多有建树，你要随时指点我啊！”

王充兴奋不已，他说：

“大人礼贤下士，尊重学问，这是百姓之福啊！”

王充自觉遇到了知己，逢人便说太守的贤德。一位郡中的属吏听之冷笑，他私下对王充道：

“你学问不浅，可在我看来却是一个腐儒。你初来乍到，单凭太守的几句好话便不辨东西，太幼稚了。”

王充头皮一凉，马上躬身向属吏下拜，请教说：

“你教训的是，王充不才，还请你不吝赐教。”

属吏见他态度诚恳，随后道：

“你学问再大，如果不识世态人情也是无用的。太守表面敬贤，其实刚愎自用，难以容人，他不过是想利用你，装点门面而已！你平日尽可自己用心观察，自然就会得出结论了。我担心你识人不清，这才加以提醒！”

王充谢过属吏，自责不已。第二天，王充向太守进言说：

“下官不识民情，恳请大人准我走访乡野，探查利弊。”

太守不悦道：

“民情可想而知，何必探查？你陪我研讨政务，方为正事。”

王充坚持说：

“不知民情，一切皆为空谈，大人又何以制定良策呢？我的学问都是书本上的条条框框，如果生搬硬套，那么难免与事实不符，这会带来祸患的。”

太守无奈，只好准其所请。

王充深入民间，访问农户。其情其景皆他闻所未闻，令他大开眼界。他此时感叹自己浅薄，说：

“我自以为饱读诗书，便可知晓世间的一切了。今日看来，我还是一无所知啊！我真是不虚此行了！”

从乡村回来，王充闭门沉思，向太守提出了许多建议。他说：

“天地之大，非书所能道尽。现在民间事繁，积弊甚多，如不亲往，实难料之。大人不能关门治世，应亲自倾听百姓的呼声，这样才能办事无虞，为民造福。”

太守感到厌烦，他对王充说：

“你指责我不了解实际，关门治世，这太过分了，这是一个下属该做的事吗？”

王充屡次进言皆被驳回，王充失望道：

“果如那个属吏所言，太守不值得我敬重。太守好听虚言，不务实际，我在这里又有何用？”

于是王充辞去官职，转投他处，另寻用武之地。

原文

不求于全，则不损于实。

译文

不追求完美无缺，就不会有实际的损伤。

释评

要求过高、过于强调完美有时是有害的。它超出了常人力之所及，是一种不务实的表现。俗话说，人生不如意事十之八九。人生总是有缺憾的，缺憾是人生的常态。认识不到这一点，人们便会永不满足，掉入痛苦的深渊。求实不是求取极致的完美，而是尽量减少缺憾。只要自己尽力了，什么样的结果都应该坦然接受。

事典

不自卑的优旃

秦始皇在位时，优旃是秦国的一个矮个儿艺人。当时，许多人嘲笑优旃的矮小，优旃却不以为意，没有一点自卑之色。有人感到奇怪，问他说：

“你如此矮小，遭人嘲笑，为什么不感到难过呢？”

优旃回答说：

“我矮小不假，但我身怀技艺，不愁衣食，矮小对我又有什么伤害呢？何况矮小是天生的，我讨厌自己也是无用，所以只好坦然面对了。人不可能十全十美，好事也不可能一人占尽，我为什么要为此难过呢？”

人们由此敬佩优旃的才智，再也不因他的矮小而小看他了。

一次，秦始皇召见他。开宴之时，忽降大雨，大殿外的台阶下持盾站岗的卫士全身都被雨淋湿了。优旃见他们打着哆嗦，十分同情。他问他们说：

“你们想休息吗？”

卫士齐声说：

“想休息。”

优旃点头道：

“这个不难，只要你们听我的号令便可以了。”

一位卫士怯声说：

“先生只是个艺人，皇上又怎会听从先生的话呢？我们卫士有护卫之责，没有皇上的旨意是不能擅离职守的。”

优旃自信道：

“我虽然矮小身卑，但我一定可以说服皇上。上天不给我高大的身材，却给了我智慧，这就是公平啊！”

优旃向秦始皇祝酒高呼“万岁”，随后，他又对卫士们喊道：

“你们虽然长得高大，但又有什么用呢？你们在雨中站岗，不得歇息，而我这个矮小之人却可以在殿中享福。”

秦始皇听出了他的话外之音，一笑道：

“你天天这样快乐吗？”

优旃说：

“人活着不如意的事太多，不如看开一点，这样活着便有乐趣了。”

秦始皇对他的回答很满意，于是让卫士分成两班轮流站岗。

优旃虽为艺人，但他忧心国事，不时向秦始皇进谏。有人担心他惹祸上身，总是规劝他说：

“你无权无位，何必多此一举呢？皇上性情粗暴，当心皇上会发怒啊！”

优旃平静地说：

“关心国事是每个臣民的义务，我有幸接触皇上，怎会不尽力呢？只要我的进谏委婉一些，皇上就不会治我的罪。”

一次，秦始皇要扩建他的园林，向东到函谷关，向西到雍地和陈仓。许多大臣劝谏无效，他们找到优旃，对他说：

“皇上执迷不悟，我等劝谏无用，先生一定要出面啊！”

优旃思量一会儿，说道：

“身为朝廷大臣，你们尽力了吗？皇上不听，你们反复进谏了吗？”

大臣们叫苦道：

“皇上事事追求完美，全不顾实际状况如何，这是难以改变的。我等身为臣子，难道会逼迫皇上吗？这件事只有先生可以解决，望先生不要推辞。”

优旃至此点头应允。

第二天，优旃面见秦始皇，他做出欢喜的样子说：

“听说皇上要扩建园林，臣高兴得一夜未眠。皇上太英明了，此举不仅有助于享乐，而且可以御敌。臣建议把许许多多的禽兽放到园林里，敌国入侵时，让麋鹿用角顶他们便可以御敌了。”

秦始皇明白过来，于是放弃了扩建园林的打算。

原文

人无贱者，惟自弃也。

译文

人没有注定卑微的，除非自我放弃。

释评

对前途悲观失望而放弃努力是自暴自弃。人只要不懈地努力和追求，就能改变自己的命运，化不幸为幸运。困厄“欺软怕硬”，在它面前不低头的人一定能战胜它。所有的努力终不会白费，不应有听天由命的念头和打算，应相信奋斗的力量。

事典

郭舍人的救助

西汉武帝时，郭舍人深受武帝的宠爱，武帝对他言听计从。

武帝有一位乳母，武帝对她十分敬重。武帝曾对郭舍人说：

“人不能忘旧，朕更不能忘情。朕的乳母对朕情深义重，朕该如何赏赐她呢？”

郭舍人说：

“陛下不忘乳母之恩，可见陛下乃大德之君，必受天佑。臣以为陛下不要只赏赐乳母金银珠宝，这显不出陛下的天恩。陛下还要亲自探视问候，这才是最重要的。”

武帝连连称是，从此常去问候乳母，人们称颂武帝仁德。

乳母受武帝宠信，渐渐骄傲起来，她不时向武帝要这要那，武帝没有不满足她的。郭舍人感到不安，他对武帝的乳母说：

“皇上敬重你老人家，你更应该自重才是。像你这样索求不断，实有损身份，我担心对你不利啊。”

乳母生气地说：

“皇上宠爱于我，与你又有何干？你在我这儿说三道四，分明不把我放在眼里，你是想羞辱我吗？”

郭舍人说：

“你误会我了，我岂敢如此？我不过是不忍见皇上为难，这才出言提醒。你对皇上有恩，才会得到皇上的关爱，你不该贪图享乐，这样你会失去皇上的信任的。”

乳母冷笑道：

“我天生好命，得以服侍皇上，谁又能令我卑贱呢？我现在做什么都无不可，你就不要废话了。”

乳母自己索要不算，还放任自己的子孙和家奴横行不法。郭舍人为使武帝安心，再次找到武帝的乳母，劝她说：

“你是皇上的乳母，本该处处维护皇上的威望，如今你纵容子孙，不是给皇上丢脸吗？你这样行为不检，如果惹出大祸，皇上也难以救你，你要及时收敛啊。”

乳母仍不悔悟，她说：

“我哺育了皇上，现在享福是应该的。我的子孙纵有错处，又有什么不可饶恕的呢？”

后来，乳母家的子孙和家奴在大街上公然拦截车马，抢夺财物。群臣激愤，一致要求武帝惩办乳母家族，送他们去边远之地。

武帝批准了群臣之请，他生气地说：

“乳母不自爱，她做得太过分了，朕也无法原谅她。”

乳母此时又悔又怕，她急忙哭着向郭舍人求救。郭舍人见其可怜之状，心生不忍，答应救助她。

乳母向武帝辞行时，按照郭舍人的吩咐频频回头，郭舍人趁机道：

“你还是快走吧！陛下已经成人，难道还要靠你的乳汁活命吗？”

武帝顿起悲悯之心，下令不让乳母远迁了。乳母痛定思痛，从此自重自爱，重新赢得了武帝的敬重。

原文

大智无诈，顺乎天也。

译文

大的智慧不含奸诈，它是顺应自然规律的。

释评

按照自然和社会规律办事，是求实的真义，也是不遭困厄的根本保障。真正的智慧不含奸诈，因为它遵循的是大道。那些逆天行事之人，他们的智慧越高，结局也越悲惨。尊重自然规律就不能玩弄奸诈之术，不能把自己的意志放在首位，这是成功的客观要求，也是大智慧的应有之意。

事 典

心灰意冷的张浩

金朝海陵王完颜亮在位时，凡事讲究权术，在御人上用足了心思。

完颜亮常常和大臣们谈古论今，他故作忧心地说：

“国家不兴，做臣子的不敢进言直谏是一大原因。朕非无道之君，你们尽可抛弃顾虑，勇于献言。”

大臣们默不作声。完颜亮于是大怒，他呵斥说：

“朕是贤明的君主，你们不听教诲，分明是不信任朕。朕的忍耐是有限度的，你们不要坐以观望。”

事后，大臣们议论说：

“皇上命我们进谏，此事太突兀了。皇上一向自己独断，哪里听得进我们的谏言呢？皇上此举大有可疑啊！”

左丞相张浩没有参与议论，他匆匆回到府中，忧郁地对家人说：

“皇上对臣子工于心计，处处设防，这不是个好兆头。皇上不以诚待人，臣子又怎会死心卖命？”

完颜亮想要讨伐宋朝，他对大臣们说出了自己的理由：

“宋国富贵繁华，而我大金却人穷地偏，这是不公平的。宋国君主昏庸，而朕却智勇无双，朕应该取而代之。”

完颜亮的理由并不充分，甚至荒唐，自然招致了不少人的反对。大臣祁宰认为完颜亮高估了自己，他对张浩说：

“皇上异想天开，全凭一己之见而妄下决断，这是要遭天谴的。皇上太失察了，我一定要加以劝阻。”

张浩知道完颜亮是头脑发热，但他深知完颜亮的为人，于是他对祁宰说：

“是非曲直，自有公论，你贸然进谏也于事无补。我担心皇上会惩治你，不如闭嘴不言吧。”

祁宰激动道：

“皇上鼓励进言，难道会出尔反尔？此事关系大金国命运，岂能任凭皇上胡为？我管不了那么多了。”

祁宰于是公开站出来反对攻宋，完颜亮凶相毕露，竟把他杀死。

群臣震骇，完颜亮却对他们说：

“朕不杀进谏之人，朕杀的是无礼之人。祁宰目无君长，言辞辱朕，太过嚣张，这等逆臣岂能留之？朕自度无失，祁宰这是自找没趣。”

张浩听过完颜亮的狡辩，一阵心寒，他对家人说：

“皇上自恃过高，做事不着边际，大金终要有祸了。我不忍见国破之日，不如现在就隐退吧。”

家人劝他说：

“皇上的旨意无法改变，你为何要责罚自己呢？你劳碌一生方有此位，岂有轻易放弃之理？”

张浩叹息道：

“眼见大祸来临而不请退，这不是更愚蠢吗？我既然劝不了皇上回心转意，请退也是顺应天意。”

张浩上表请求辞官归居，不料完颜亮坚决不允，他问张浩道：

“君主不明，则贤者请辞；臣子年老多病，亦可归隐。你是为何呢？”

张浩见完颜亮这般发问，心头一紧。他只以年老多病为由，连诉苦衷。

完颜亮狡诈一笑，说：

“朕的大事未成，你不能自讨清闲，你还是安心做事吧。”

张浩请辞不成，心情更加烦忧，他对家人说：

“皇上实在过于聪明了，可越是这样，皇上就越是自以为是，这是大金的凶兆啊！”

后来，完颜亮攻宋失败，兵变被杀。

原文

小智无德，背乎情也。

译文

小的智计不讲仁德，它是违背人情的。

释评

不讲仁德的智计为人鄙视，不择手段的掠取后患无穷，这些都会为以后的发展埋下祸患。没有仁德保障的收获是不安全的，随时都会失去；也是最危险的，时刻潜藏着灾难。小聪明不足成事，小伎俩只能自误，不可仅求成功而把仁德视作可有可无之物。

事典

耶律吼的仁德

辽太宗会同六年（943），太宗任命年纪轻轻的耶律吼为南院大王。大臣们很是惊讶，颇有不服之色。

太宗猜到了众臣的心思，他召集群臣，当面教训说：

“南院大王之职十分重要，有人不惜私下联络，想方设法加以争夺，朕看在眼里，万分心痛啊！耶律吼年纪虽轻，但处事稳重，极有韬略，更难得的是他不为自己谋划，不似有人背德忘义地捞取私利。单凭此节，耶律吼就占了上风，朕也可以信任他了。”

群臣低头无语，不敢争辩。

耶律吼上任后，他的心腹给他出主意道：

“大王身任要职，下官最担心的就是有人欺大王年轻，不服管教。依下官之见，大王当惩人树威，震慑人心。”

耶律吼挥手不允，他说：

“我身任此职，当为皇上尽力，岂能只想为己树威呢？你说的都是小智计，如果失去了仁德，那么人们也不会真心服从了。我要团结军民，不能用计哄骗他们，要靠仁德来感化他们哪！”

耶律吼不摆官威，视察下情时也轻车简从，绝不张扬。他见有人困顿，便拿出自己的俸禄予以接济。时间不长，耶律吼的名望就令人仰视，大家都夸他是个难得的好官。

太宗讨伐后晋之时，耶律吼率部跟随。进入汴京后，将领们都到后晋内府取所藏的金币和奇珍异玩，只有耶律吼取马匹铠甲。

太宗知道这件事后，向耶律吼说：

“金银珠宝人人欲得，为什么你偏偏不取呢？”

耶律吼道：

“为了我个人，金银珠宝自然有用，但为了国家，还是马匹铠甲更为重要。我不能因为自己的利益而忘了身上的大任。”

太宗把众将召来，当众夸奖耶律吼。太宗动情地说：

“你们只为自己盘算，眼中只有金银珠宝，你们这是聪明吗？耶律吼时刻不忘朝廷，不忘肩负的责任，他没拿珠宝而取铠甲，这就是他的高明之处。有仁德的人是不会吃亏的，朕要重重赏他。”

耶律吼所得的赏赐极多，远远超过了其他将领。

一位将领又羞又愧，他对其他人说：

“谁说仁德比不上金银？看耶律吼所得便可得出答案了。我们整日算计不休，其实是不能和耶律吼相比的。”

后来，太宗死在栾城，由于没有留下遗诏，军中人心惶惶，不知如何是好。

耶律吼担心生变，他急忙找到北院大王耶律洼，商议说：

“帝位不可一天空缺，我们应当机立断，拥立明主。”

耶律洼愁苦道：

“此事非同小可，需请示太后，由太后做主方可啊。”

耶律吼不赞同耶律洼的意见，他忧心忡忡地说：

“太后宠爱李胡，太后做主一定会立李胡为帝。李胡暴戾残忍，毫无仁德之心，他怎能安抚百姓呢？我们不该只为自己设想，讨好太后，而应满足百姓的愿望，拥立仁德的永康王为帝。”

耶律洼感到为难，他颤声道：

“我们得罪了太后，凶险不说，有这个必要吗？我们不该冒这个险哪！”

耶律吼坚定地说：

“为了自己而干下不仁之事，这才是最大的凶险。为了国家的命运，我们应该抛弃个人安危。”

于是立永康王耶律阮为帝，是为辽世宗。耶律吼此举，得到了辽国军民的广泛拥护。

原文

识寡勿忧，忧弗学也。

译文

见识少不要忧虑，要忧虑的是不用心学习。

释评

用心学习可以弥补各种不足，增长见识，这是求实的一个具体体现，亦是预防和解除困厄的有效方法。因见识少而导致的困厄是暂时的，只要总结经验，加强学习，便可扭转局面。人应该有虚心好学的精神，不懂装懂、不知悔改只会把人推向更大的误区，使人陷入更深的泥潭。学习重在行动，把学习挂在嘴边而无实际行动的人，错误会越犯越大。

事典

本性不改的毕义云

北齐时，强盗出身的毕义云为御史中丞，掌秘督察，纠弹百官过失。

毕义云执法严厉，官员稍有过失他便施以重刑，一时人们都怨恨他。

一次，一位官员因犯小错被毕义云拷打致死，群臣借机纷纷弹劾他，说：

“毕义云曾是兖州北部的强盗。他不学无术，专横无礼。他的官位也是行贿买来的。这样的人如今主管执法，实是我朝的耻辱。他违法的事太多了，应该重惩的是他。”

文宣帝见到弹劾毕义云的奏章，一时颇为踌躇，他对心腹大臣说：

“朕知道毕义云做过强盗，也知道他改邪归正走上了仕途，朕见他办事有力才提拔他的，这件事朕也有责任哪！”

心腹大臣献媚说：

“陛下重用的人岂会有失？这一定是毕义云执法严格得罪群臣了，所以他们才会联合起来诬告他。毕义云出身卑微，不知礼节，臣可以指点于他。这件事陛下不可相信，更不用自责。”

文宣帝转忧为喜，说道：

“你说得不错，朕怎会用错人呢？不过毕义云不知礼节却是不假，你要多多辅导他，免得再惹事端。”

心腹之臣随后去见毕义云，说明原委之后，特别叮嘱道：

“你令群臣愤怒，可见你有太多的不法之事了。皇上重用你，你若不悔改就会使皇上难堪，也会使自己受难，到了那时就谁也救不了你了。依我之见，你应该从学习礼法开始，秉公执法，平和待人，如此方能改正错误，不致惹出大祸。”

毕义云表面上一一接受，私下却毫无悔意，他对亲信说：

“我并无错处，群臣只是嫉妒我！我就是礼法，还用学习吗？谁反对我，我就报复他，这是天经地义的事，受苦受难的又怎会是我毕义云呢？”

毕义云不知收敛，反倒变本加厉，群臣见皇上包庇他，只好忍气吞声。

毕义云见群臣畏惧，一时得意非凡，他建造华丽壮观的府第，对人也更加暴虐。

毕义云的亲信曾劝他说：

“大人傲慢、奢侈，凌辱百官，这只会激起群臣的怨恨之心。大人如果尝试以礼待之，行为规范一些，相信这种弊端就可消除。大人在这方面可学习他人的长处，补己之短，会增加不少的好处啊。”

毕义云当场将亲信踢倒，口中骂声不绝。

毕义云大富大贵，却说自己孤弱贫困，时常向他人硬索钱财。一次，他为了敲诈别人，便罗织罪名将其下狱，直到那人拿出钱财，毕义云才将他释放。

毕义云的恶行令其家人都感到恐慌，家人对他说：

“你的做法和你从前做强盗时没有两样，哪里像朝廷的大臣呢？你不会做官也该学学别人，这样干是不行的。”

毕义云奸笑道：

“我就是强盗，照样得到今天的位置，我还用学别人吗？人各有各的活法，我毕义云是不想改变了。”

毕义云恶行加剧，大臣司马子瑞忍受不住，终又站出来弹劾他。他列举了毕义云的十大罪状，一时闹得朝野皆知。

毕义云没有悔意，反而对时任北豫州刺史的司马子瑞的堂兄司马消难下手，借以报复司马子瑞。司马消难感到害怕，于是叛逃敌国，以避大祸。

群臣以这件事为由，纷纷上书弹劾毕义云。文宣帝终有所悟，喃喃地说：

“毕义云本性不改，不听教诲，又有什么好指望的呢？”

文宣帝从此疏远了他。后来，毕义云被他的儿子毕善昭所杀。

原文

苦劳而少获，非实之过也。

译文

辛苦劳累却少有收获，并不是笃实的过错。

释评

很多事情只靠辛苦劳累是不能完成的，单纯的吃苦并不能解决全部问题。做事要有窍门，干大事更需要综合能力，良好的技能与多方面的修养才是收获的保障。做任何事，都不能简单地直奔目的，而要有严谨的态度和科学的方法。因此，当付出与收获不能成正比时，人们应该正视自己的得失，检讨自己的方法。

事典

曹一士的求实

清乾隆皇帝即位以后，便命群臣上书言事，他对群臣说：

“朕初登大宝，对如何治国尚有疑虑，你们尽可直言，勿要隐瞒。”

群臣应命，一位大臣便对乾隆说：

“自古圣明天子，无不以勤于政事为第一信条。陛下不妨学习圣明天子，不辞劳苦，操劳国事。”

时任云南监察御史的曹一士却在奏章中进言说：

“陛下一心求治，只凭不怕辛苦、努力劳作是远远不够的。治国和做事一样，需懂得诀窍，要有好的方法，这样才可以事半功倍，达到治国的目标。臣不主张陛下劳苦不休，而应静下心来探求治国之道，只要方法得当，陛下就会建立不朽的功绩。”

曹一士的奏章在乾隆帝眼里看来很有新意，他心里赞同，于是对群臣说：

“有些人一天只知埋头苦干，却少有政绩，只因他们不懂大道啊！朕十分欣赏曹一士的见解，你们都要拜读一下。”

乾隆帝命群臣传阅曹一士的奏章，群臣皆表叹服。

乾隆帝把曹一士召入朝中，任命他为工科给事中。

面对乾隆帝的特殊提拔，曹一士心里感激，做事也更加努力。他对朋友说：

“皇上厚爱于我，可见皇上虚心纳谏，重在求实。我不能只满足于为皇上尽力，更要用心哪！”

一次，乾隆帝召见曹一士，对他说：

“现在朝廷弊端不少，朕当从何处下手整治呢？”

曹一士恭恭敬敬道：

“吏治不清，则百弊不止，陛下当以整顿吏治为要。”

乾隆帝说：

“朕治国需要百官的辅佐，需要全体官吏的共同努力。只怕如此一来，他们和朕离心离德，这是朕最担心的。”

曹一士急切道：

“陛下不可有此顾虑。官吏乃是百姓的表率，官吏若是贪赃枉法，鱼肉百姓，百姓又怎会拥护朝廷呢？陛下在其他事务上做得再好，只要吏治不清，便是全盘皆输。”

乾隆帝于是采纳了曹一士的建议，把整顿吏治当作急务。

一位上了年纪的大臣久不升迁，他曾请求曹一士说：

“我自问并无错处，做事总是勤勤恳恳，怎么会久居下位呢？请你赐教。”

曹一士不肯作答，只道：

“我只是个后辈，又初到朝中，焉敢对大人无礼？”

大臣苦苦追问，且道：

“你被皇上特殊任用，必有过人之能。老朽朝闻道，夕死可矣。”

曹一士被逼无奈，开口说：

“在朝为官，没有错处就是荣耀吗？大人定是怕担责任，事事不敢出头，这样是做不出什么政绩的。勤勤恳恳也要讲究效率，没有一定的谋略，做事也是无功的。听你之言，似乎抱怨太多，你还要多加反思啊！”

大臣被一语点醒，道谢不止，他感慨道：

“我为官多年，不想今日被你一语道破玄机，可见老朽实在无知。老朽既知此中缘由，自要诚心改过了。”

曹一士凡事长于思考，没有把握的事他从不轻下断言，他告诫同僚说：

“如果对事情认识不清，就算再辛苦也是徒劳。我们不要整天忙于琐碎之事，而是要不断总结经验教训。”

曹一士的建言多为朝廷采纳、执行，他的一生政绩颇多，官民都称颂他。

原文

闲逸而多得，乃实之旨焉。

译文

清闲安逸却多有所得，这才是笃实的宗旨。

释评

笃实的宗旨是求取幸福。这是一条光明大道，人们应该始终坚持。发挥自己的创造力，提升自己的人生价值，就要用行动来证明。应该看到，知识和技能有助于达到这样的人生目标。追求知识与掌握技能是成功的双翼，人们在此要付出更多的努力。

事典

直言善辩的戴凭

有一次，东汉光武帝刘秀诏群臣举办论辩大会。

论辩大会举行之际，群臣就座入席，唯独郎中戴凭没有入座，站立场中。

刘秀感到奇怪，便问戴凭：

“你不入席就座，难道有话要对朕说吗？”

戴凭躬身道：

“正是。”

刘秀皱眉说：

“群臣毕至，如果不是特别紧要的话，就不要说了。”

戴凭马上道：

“臣要说的话特别紧要，恳请陛下容臣说出来。”

刘秀点头，戴凭于是扫视众人一眼，声调激昂地说：

“今日是论辩大会，应当以才学高低安排座次。臣见不如臣的人却坐在臣的上位，心感委屈，故而未肯就座。”

刘秀顿感惊异，问道：

“你有这样的想法，朕却没有料到，你能说出其中的道理吗？”

戴凭于是说：

“天下人等发奋苦学，无不为了出人头地，赢得尊宠，从此摆脱困厄。如果事实不是这样，那么便无人用功努力了。臣苦读多年，自度博士讲解儒家的经书都比不上臣，所以不想居于下位。”

刘秀听过即言：

“你说得不错，不过这要看你的才学。如果事实证明你不是言过其实，朕不但令你上座，而且还要提升你的官职。”

刘秀下令让戴凭和众儒生互相驳诘，解说经文。戴凭舌战群儒，有理有据，滔滔不绝，没有谁能难倒他。辩论到最后，戴凭大获全胜，学冠全场。

刘秀大为高兴，当即任命他为侍中。刘秀还对群臣说：

“有能力的人是不该受到压制的，朕重用戴凭，就是鼓励你们好学上进，望你们不负朕的苦心。”

戴凭高升侍中，许多人向他祝贺。但也有人说他是险胜，道：

“你虽有才学，但也不该心直口快，当面和皇上理论。万一皇上不快，你今天还会站在这里吗？”

戴凭缓缓地说：

“皇上圣明，臣子才敢进谏忠言，说出真话，我今天并不担心什么。我说过的话句句属实，难道你们希望才学无用吗？如果才学不如阿谀奉承有用，那么不仅是有才学的人的悲哀，更是朝廷的不幸啊！”

西曹属官蒋遵为人清廉诚信，忠实孝顺，学问很大，只因得罪了奸佞小人，便被诬陷下狱。

戴凭知道这件事后，十分愤慨，他对大臣们说：

“蒋遵无端被抓，我们不能坐视，应该设法搭救他。”

大臣们说：

“皇上亲自下旨逮捕蒋遵，搭救他就是和皇上作对，你有这个胆子吗？”

戴凭高声说：

“皇上定是听信了一面之词，我这就去劝谏皇上。”

戴凭求见刘秀，他直言道：

“陛下不该惩治无罪之人。蒋遵才学极高，做事无差。如果小人可以阴谋得逞，那么谁又肯做君子呢？蒋遵这样的人是不该有此大难的。”

刘秀开始发怒，指责戴凭偏袒蒋遵。戴凭于是把自己绑到廷尉那里，且说：

“有德有才的人踏实做事，如果这是错误的，那么我也该下狱受罪。”

最后，刘秀接受了戴凭的劝谏，不仅蒋遵被释放，而且还提升戴凭为虎贲中郎将。将遵感谢戴凭，戴凭不受。他说：

“你的福佑都是你应得的，你要感谢的只有你自己啊！”

慎言卷 第六

言之祸，无论优劣也。语之弊，由人取舍也。

君子不道虚言，实则逆耳。小人不表真心，伪则障目。见言见志，其行亦断也。

贵者宜谦不宜傲。卑者宜恭不宜放。人无信，则言勿听。

不知机而无泄，大安也。不避亲而密疏，大患也。

本卷精要

- 言多祸藏，沉默胜金。
- 一言可兴邦，亦可亡身。
- 慎言者智。
- 听其言，知其意，可断其行。
- 人无信，勿听其言。

原文

言之祸，无论优劣也。

译文

言论能给人带来灾祸，好话和坏话都可导致恶果。

释评

言论可能给人带来的灾祸太多了。祸从口出，这是古时人们所时时戒惧的。令人难以防范的是，并不只是坏话可以使人不幸，好话亦可使人误解，使自己遭受打击。坏话无人愿听，好话也不是谁都能接受的。在恶人的眼中，好话也会变成恶语，甚至会激起他们的仇视。因此，人们应该学会谨言慎行，这不仅是一种说话艺术，更是一种处世智慧。

事典

贾耽的寡言

唐德宗兴元元年（784）二月，山南西道节度使贾耽派行军司马樊泽向德宗奏事。樊泽完成任务回来时，贾耽正与大将们宴饮。这时忽有紧急文书到来，原来是德宗命令由樊泽代为节度使，召贾耽入朝任工部尚书。

这番变故，大出贾耽的意料。他思忖片刻，便把文书揣入怀中，依旧与诸将宴饮，没有吐露一字。

宴会结束后，贾耽把樊泽留下，把德宗的诏书交给他，说道：

“皇上下令由你担任节度使，我现在就卸任上路。”

樊泽接过诏书，未发一言。

贾耽随后通知将领和官吏们去拜见樊泽，牙将张献甫不满地说：

“樊泽奉大人之命觐见皇上，定是他贪图节度使的职位，这才暗中活动，从而夺了大人的地盘。从这件事上可见樊泽对大人不忠，大人为何没有半句怨言呢？”

贾耽叹息道：

“事已至此，埋怨又有何用？现在皇上已下诏命，只有无条件地服从。宴会之上我没有提及此事，就是怕你们冲动胡言，给大家带来不必要的麻烦啊！”

军中将士皆有不服之色，贾耽一一安抚他们说：

“你们立功很多，不要因为一言不慎而前功尽弃。现在是敏感时期，不但坏话不可讲，好话也不可说，谁知道樊泽是何心思呢？眼下你们最主要的是保持沉默，听从皇命，免得授人以柄。”

贾耽安抚住了将士，当天就起身上路。张献甫吃惊道：

“大人如此着急，难道还怕樊泽不成？大人不和他计较是大人的恩德，樊泽还敢暗算大人吗？”

贾耽低声说：

“我在此多留一日，将士便要多言此事。正所谓言多必失，我是担心将士们把持不住，所以我还是速离此地为好。”

贾耽身在朝中，却从不评论朝野人物，待人接物都十分谨慎。一次，有人请他为自己写一篇颂文，贾耽不好拒绝，只好故意拖延，迟迟没有下笔。

贾耽的朋友就此问他说：

“你不多言，无非是怕得罪人，如今你连颂文也不写，就说不过去了，难道说好话你也害怕吗？”

贾耽忧心道：

“说坏话的弊处人人得见，说好话的弊处也有很多，只是人们不善于发现而已。好话说多了是奉承，说少了是不敬。今日的好话也许明日看来就不是好话了，何况人的变化难以捉摸，所以好话也不能乱讲。我不想为了讨人高兴就多说好话，只想少言避祸啊！”

贾耽大度寡言，严格约束自己的行为，人们很少看到他高兴和生气的样子。德宗要提升他做宰相，群臣都没有异议，他们一致表示赞同道：

“贾耽为人忠厚，待人谦恭，他做宰相定能辅佐陛下，调和众臣。”

德宗见无人反对，深感意外，他连连发问说：

“从前宰相人选难定，只因没有众臣咸服的人物，贾耽凭什么能做到这一点呢？”

贾耽担任宰相职务先后十三年，屡受奖赏和赞扬。

原文

语之弊，由人取舍也。

译文

言语能给人带来害处，取舍全在人为。

释评

欲加之罪，何患无辞。断章取义是小人攻击他人的重要手段。事实上，一个人不可能凡事都字斟句酌，特别是在情绪激动的时候，说错一些话是难免的。正因如此，小人的害人行径才能得以施展，小人的阴谋方能屡屡得逞，不得不慎。

事典

心有余悸的杨椿

北魏孝文帝时，杨椿任中部曹，主持诉讼十分公正，孝文帝很欣赏他。

冯太后去世后，孝文帝十分悲痛，一连五天不进饮食。群臣轮番进谏，言语说尽，孝文帝就是不听。

群臣万分焦虑之时，杨椿挺身而出，他对群臣说：

“你们言语不当，皇上自然不会纳谏了。我苦思几日，相信一定能说服皇上。”

群臣觉得杨椿的话刺耳，索性催他马上劝说孝文帝。杨椿的朋友私下对杨椿说：

“你公开贬低群臣，虽是实话，但也会惹他们不快啊！你的言语锋芒太露，以后应当含蓄一点。”

杨椿反驳说：

“这等时刻，我还能说他们劝谏有功吗？我为他们感到羞耻，更为皇上担忧。他们枉为人臣啊！”

于是杨椿面见孝文帝，他说：

“陛下孝敬过人，令人感动，可陛下这样不吃不喝，难道就可以让太后死而复生吗？恕臣直言，陛下继承祖宗传下来的大业，君临天下，责任无比重大，又怎能像一个平民百姓那样自残呢？圣人制定的礼教，再大的悲哀也不能灭绝人性。如果陛下不惜自身，那么皇家宗庙就不存了，陛下应该不想这样吧！”

孝文帝被杨椿的话语敲醒，立即停止了绝食。由于杨椿劝谏有功，孝文帝提升他为给事中。

杨椿能言善辩，常以此为能，遇事好发表见解，毫不忌讳。杨椿的朋友几次提醒他说：

“你喜好发表高论，兴致一来便滔滔不绝。在我看来，这是你的优点，也是你的缺点。你要知道，奸邪小人是无处不在的，他们善于捕风捉影，无时不在挑你的毛病。你最好收敛一些，免得授小人以口实。”

杨椿冷笑道：

“我自信无人能挑出我言语中的毛病，何况是无德无识的小人？皇上都能被我的话语打动，其他人更不足虑了。”

一次，杨椿受到他人的弹劾，孝文帝当面责怪他。杨椿心中委屈，辩解道：

“臣的言语并无不妥之处，这一定是有人陷害，陛下怎会相信呢？”

孝文帝把弹劾杨椿的奏章拿给他看，杨椿看罢目瞪口呆。

孝文帝问道：

“你说过那些话吧？”

杨椿道：

“臣说是说过，但这些话并不是臣同时说的。弹劾臣的人把臣在不同场合和不同时候说的话归纳到一起，分明是有意地拼凑，这是明目张胆的诬陷啊！”

孝文帝并不想责罚杨椿，他就此教训杨椿说：

“朕了解你的为人，这才会不予追究。不过你说话仍需注意，否则又怎会让人找出错处呢？”

杨椿事后颇有感悟，心有余悸道：

“小人能用如此手段陷害于我，都怪我太轻视他们了。我以能言善辩自傲，今日方知这是惹祸之道啊！”

杨椿开始改变自己，宁可受到他人的责难，也不轻易乱讲。有人说他变了，杨椿说：

“不是我变了，而是我发现从前的自己太冲动了。明明是良言，到了小人那里便成了恶语，你说我该怎么办呢？”

杨椿告老还乡时，念念不忘的就是告诫子孙慎言，他语重心长地说：“我在言语方面吃亏不少，由此也体悟颇深，你们切不可以为这只是小事而忽视它。言行一致是做人的标准，但这并不等于一定要把心里话说出来，只要你们老老实实地做就可以了。我不是教导你们怯懦，而是教导你们要有防范之心哪！”

原文

君子不道虚言，实则逆耳。

译文

君子不说假话，（但）说实话会使人听起来感到不舒服。

释评

在封建专制时代，君子的遭难多与其说实话有关。说实话本无过错，问题是很少有人能接受实话。大多数人只满足于假话的悦耳，而无虚心纳言的宽广心胸。虚荣的人是没有远见卓识的，他们也很难与君子志同道合。而这类人实在太多，与之相比，君子的说实话竟成了一种“缺陷”，这实在是君子的悲哀。

事典

熊廷弼的失望

明万历三十六年（1608），辽东巡抚赵楫与总兵李成梁放弃宽甸一带新拓疆土八百里，把六万家编户百姓迁移到内地。

针对此事，赵楫和李成梁巧言自辩，朝廷为其迷惑，竟对他们论功行赏。

给事中宋一韩识破了二人的奸诈，指斥他们有罪。朝廷责成御史熊廷弼调查此事。

熊廷弼领命，未及查勘，便有人找上门来，送上了重礼。来人说：

“大人查访辛苦，我奉赵楫和李成梁二位大人之命前来慰问大人。若得大人美言，二位大人必将感激不尽。”

熊廷弼正直清廉，闻言即怒，他大声呵斥来人说：

“我奉皇命查访，定要查出真相，不负圣恩。你家二位大人行贿于我，分明是想收买我，这不是要陷我于不忠不义吗？你们看错人了，我岂是贪图财利的小人？”

来人不紧不慢道：

“大人息怒，请听在下一言。如今朝野上下无人不贪，这已是公开的秘密，我家二位大人有些私心，并不奇怪啊！奇怪的是大人不徇私情，这对大人绝无好处。倘若人人坚持说出实话，皇上也不会相信。”

熊廷弼又气又急，他强压怒火，厉声道：

“皇上不信实话，难道会信你们的谎话？你们的气焰太嚣张了！”

来人随后说：

“这个不难猜测。自古帝王都好大喜功，有几人能听得进逆耳忠言呢？如果你不是报喜，那么皇上必会责你报忧，你这不是自讨没趣吗？”

熊廷弼再也忍耐不住，怒骂着将来人赶出门去。

熊廷弼明察暗访，不仅查出了赵楫、李成梁丢弃疆土驱逐百姓的实情，而且查出了先任巡抚何尔健、康丕扬对他们的包庇之罪。熊廷弼感到事态严重，心中愈加愤恨不已。他对一位同僚说：

“朝廷内忧外患不断，封疆大吏不思报国，应该罪上加罪。我一定要详细奏明皇上，对他们一一治罪。”

那位同僚半晌无语，试探着问熊廷弼：

“大人可从此中悟出些什么吗？”

熊廷弼疑惑道：

“你话语不详，何不明说？”

那位同僚接着说：

“封疆大吏都欺瞒皇上，可见国中再无可信之人了。既是如此，大人何不顺水推舟，做个老好人呢？说假话可以升官发财，说实话就要遭受苦厄，你并无选择啊！”

熊廷弼并未反驳，只说道：

“我自明此节，但我还是相信皇上终能明辨一切。如果因为君子难做就甘做小人，那么朝廷还有救吗？”

那位同僚苦笑着说：

“你还是先救救自己吧！你不是在和几个人作对，而是和天下官吏为敌，你是赢不了他们的。”

熊廷弼内心烦乱，几日都难以入睡，他对家人说：

“我若说假话，便是对皇上不忠；若说实话，便是和奸人结仇。我之所以有种种顾虑，就是怕连累你们。”

家人深知熊廷弼的性格，他们一脸刚毅，鼓励他说：

“国家大业要紧，大人清誉要紧，何必顾惜我们？奸人祸国殃民，人神共愤，大人绝不能放过他们。”

有了家人的支持，熊廷弼顿时精神一振。他连夜起草奏章，把赵楫等人的罪行一字不漏地写上。

奏章交到明神宗手上，明神宗果然皱起了眉头，他不屑地说：

“朕为明君，哪里会有这么多的佞臣呢？熊廷弼一定是立功心切，这才故意把事情搞大，朕不能轻信哪！”

明神宗把奏章压下，不予理睬。熊廷弼久盼无音，十分失望。

原文

小人不表真心，伪则障目。

译文

小人不表露真心，伪装就会使人看不清真相。

释评

真诚与虚伪往往仅有一线之隔，如果不发乎内心，那么人们看到的就都是假象了。小人不会把标签贴在脸上，他们善于伪装，特别是在言语上。小人不仅是说假话的“高手”，更是以假乱真的“大师”。让人一眼便可识破的假话是拙笨的，让人一语倾心的假话是“高明”的，但它也是误人误己的。小人可以惑人于一时，却不可以惑人于一世，再聪明的小人也不值得人们效仿。

事典

险遭大难的孔僖

东汉章帝时，孔子的后人孔僖和崔骃一同在京城太学读书，学习《春秋》。

一次，二人读到吴王夫差被越王勾践所灭的故事，孔僖扔下书感叹说：

“这样的故事很多，正所谓画虎不成反类犬啊！”

崔骃在旁接道：

“不错。从前孝武皇帝十八岁做天子，武帝尊崇圣人的思想学说，亲贤人，远小人，只用了几年的时间，名气就超过了文帝和景帝。后来，武帝放纵自己，对小人的假话反倒十分相信，以致折损了自己的威名。”

隔壁房间的梁姓儒生和郁姓儒生听到了他们的议论，于是插话说：

“如此说来，武帝也是狗了？他们这是诽谤先帝啊！”

郁姓儒生为了邀功求赏，暗中将孔僖、崔骃上书告发。孔僖为此申诉说：

“孝武皇帝政绩的好坏，显见于史册。臣只是据实谈论书上记载的事实，而不是凭空捏造，臣并不是诽谤先帝。现在许多人都甘当小人，因为小人的假话听来好听，能给他们带来好处，其实这才是陛下要极力防范的。小人掩饰真心，不吐真言，他们看似言语得体，不偏不倚，这只不过是假象罢了，依靠小人治国一定失败。臣不是小人，臣缺乏的只是伪装，如果因为这个给臣治罪，那么小人一定会感到高兴。”

章帝看罢孔僖的上书，立即下诏不追究此事，并任命孔僖为兰台令史，掌管书奏。章帝召见了孔僖，对他说：

“朕没有责罚于你，并不是因为你言语无失，而是因为你是圣人之后，一时的小错尚可宽恕。你口口声声讨伐小人的虚伪，可否详述其情呢？”

孔僖说：

“小人不可信任，只在他们全无真心，言行不符。陛下若不能及时识破小人，必会为其所惑，这样受损的就是整个国家了。”

章帝接过话题，训诫道：

“小人之言固不可信，但君子之言亦可少些偏激。你以后也要慎言为妙，免得给自己带来祸患。”

孔僖事后反省，自责不已，他对崔骃道：

“我们天天憎恨小人，骂他们虚伪，可事实上却是小人得势。你想过这是为什么吗？”

崔骃困惑地说：

“这实是一个难题，我百思不得其解，你有答案了吗？”

孔僖点头道：

“是皇上启发了我啊！皇上训诫我要慎言，少些偏激，而小人似乎正是这样做的。小人话语不多，从不轻易表明自己的观点，这难道不聪明吗？你我险遭大难，是不是在此不够聪明呢？”

崔骃面现忧色，摇头道：

“你这样想就错了，难道你要学习小人的伎俩吗？小人虽然得势，但不是人间正道，我们不能改变自己呀！”

孔僖立觉惭愧，他马上说：

“你说得对，我们的君子身份不可改变，否则就是离经叛道之徒了。”

孔僖坚定了自己的方向，只是在进谏上和缓了一些，不像先前那样言辞激烈，咄咄逼人。章帝见孔僖有这种变化，夸赞他说：

“你不学小人的花言巧语，犹能让朕听了开心，这不是更好吗？说真话也不能太随意了，应该让人容易接受啊！”

孔僖从此更加用心，纵是面对小人，他也保持谦和之态，不说无理的话。孔僖日益受人尊敬，人们都说他不愧是圣人的后代。

原文

见言见志，其行亦断也。

译文

听其言可知其心意，其行为也可以判断了。

释评

言为心声。一个人不管如何掩饰，他的言语还是会表露出他的内心的。只要仔细分析和时刻留意，其真正的心意便可知晓。其实，拥有良好品质的人重在实干，他们是不屑夸夸其谈的。

事典

狄仁杰的不尚空谈

狄仁杰

武则天时期著名宰相，出身官宦之家，通过应试明经科步入仕途，断案清明，效率极高，深受武则天器重，是推动唐朝走向繁荣的重要功臣。

镜　鉴

踏实做事胜过口舌争锋。

唐代名臣狄仁杰年少时，父亲狄知逊任夔州长史。当时，家中有一个门人被害死，官吏来调查，人们都争着上前回话，唯恐落在人后。

当时，狄仁杰正在读书，他只望了一眼，便不再理睬了。官吏问他说：“此处十分喧闹，人们无不好奇观望，你为何不感兴趣呢？”

狄仁杰抬头说：

“我正在和书中的圣贤交谈，不想和俗人讲话，他们太无聊了。”

官吏点头道：

“听你言语，与众不同，可见志向不凡，日后当有大的作为啊！”

狄仁杰后来考中明经科。他在汴州参军任上，被人诬告。黜陟使阎立本负责审问此案，他问狄仁杰说：

“你可知自己有罪吗？”

狄仁杰苦笑道：

“有罪无罪，全凭大人明察，我自辩有用吗？”

阎立本没想到他如此作答，顿感狄仁杰有些不凡，便追问说：

“你不自辩，便是默认了，你就不怕自己被冤枉？”

狄仁杰平心静气地说道：

“我本来无罪，却不想身陷此处，被大人审问。大人若是清官，必会还我清白；大人若是庸官，又怎能在意我是否蒙冤呢？我还是等着大人来下决断吧！”

阎立本对狄仁杰的从容和才华感到惊异，嘉许地说：

“听你之言，可见你心胸坦荡，见识过人，我对你很有信心。”

一番调查过后，狄仁杰被证实无罪，阎立本于是推荐他当了并州法曹参军，掌管并州的刑法。有人担心说：

“狄法曹和大人并无深交，大人何以这么相信他呢？万一狄法曹日后有事，大人岂不受累？”

阎立本微笑道：

“识人识心，我虽和狄法曹交往很少，但他的言语打动我了。他是一个正直而有才能的人，将来必是朝廷的栋梁啊！”

狄仁杰言语不多，每日只是勤于政事，从不叫苦叫累。一次，同僚郑崇质劝他说：

“你做的事情很多，如果不及时上报，那么就无人知晓，这样你就白白辛苦了，你应该设法让别人知道。”

狄仁杰回应道：

“我拿着朝廷俸禄，就该为朝廷做事，上报岂不多余？我不是做给别人看的，更不想以此获得上司的青睐，所以无须他人知道。”

郑崇质震惊之余，对狄仁杰敬佩不已，他对朋友说：

“我做事唯恐上司不知，说话唯恐上司不喜，可实际上我并没有做几件实事。和狄法曹相比，我看见自己的丑陋了，他才是人中君子啊！”

同僚蔺仁基和李孝廉不和，两个人争斗不休，互相攻击。狄仁杰把二人召集在一起，劝他们道：

“我和你们相处以来，发觉你们并不是势利之人，为何不能和好呢？你们若是为了一时言语之争，大可不必，这样结下冤仇，对你们都有伤害。”

蔺仁基说狄仁杰多管闲事，狄仁杰仍耐心道：

“在言语上争锋的人是心虚的，也得不到实惠。你们并无利害冲突，应该互相谦让。”

狄仁杰的努力终使二人不再交恶，反而互相尊重了。

同僚都称赞狄仁杰的贤德，这渐渐引起了朝廷的注意，朝廷派人考察狄仁杰时，同僚推荐说：

“贤德之名不是能吹捧出来的，狄法曹勤于做事，不尚空谈，他才是我们最为佩服的人哪！”

狄仁杰逐渐升迁，最后官至宰相。

原文

贵者宜谦不宜傲。

译文

富贵之人应该自谦，不要自傲。

释评

一个人的身份越高，其言语越要谦和有礼。自谦之辞能拉近人与人之间的距离，而自傲之辞则会增加隔阂，激化矛盾。用言语来显现自己的高贵是愚昧的。言语能伤害别人，亦能伤害自身。

事典

傲慢无礼的庄贾

战国时期，晋国侵犯齐国阿、甄两邑，燕国入侵到黄河边，齐国顿感危急。

齐景公忧虑不安，大臣晏婴推荐司马穰苴为将，率兵御敌。齐景公感到意外，他问晏婴道：

"司马穰苴平日并没有显露出特殊才能，你为何独独举荐他呢？"

晏婴说：

"有大才能的人并不喜欢炫耀自己，司马穰苴沉默寡言，这正是他的过人之处，大王不该因此轻视他。大王如果不信，可以亲自考察他。"

齐景公召来司马穰苴，同他讨论军事。司马穰苴一番高论，令齐景公大为欣赏，马上任命他为将军，令其领兵抵御晋、燕两国军队。

司马穰苴接受了任命，他对齐景公建议说：

"臣出身低贱，大王重贤爱才，臣才能有今天的地位。臣担心众人不服，恳请大王派一有名望的大臣做监军。”

于是齐景公任命贵族庄贾做监军。庄贾为此感到得意，他对亲朋好友说：

“大王派我做监军，足见大王对我的器重啊！也许只有我才能服众，否则大王就会选派他人了。”

庄贾的一位近亲恭维道：

“正是这样，大人应该利用这个机会，一展统军之能，建立大功。”

庄贾不懂军事，但听了近亲的说辞，立时狂妄起来。他吹嘘说：

“领兵打仗其实并不难，只要发号施令就可以了。只怪平日没有这个机遇，要不我早就建功了。”

庄贾自吹自擂，他的一位远亲听不下去了，上前说：

“打仗要智勇双全，熟习兵法，哪有那么容易呀？大人平日养尊处优，未经一战，不可大意。大人身为监军，职责重大，还是出言谨慎为好。”

庄贾脸色一沉，说道：

“你不知我能，却敢断言我不可统军，你这是嘲笑我吗？”

那位远亲连忙说：

“我不敢嘲笑大人，只是提醒大人要保持谦让。大人身份高贵，若是自傲无礼，便不能团结将士一心杀敌，这样又怎会建功呢？何况司马穰苴严肃正直，办事认真，大人若不能礼待他，他定会和大人抗争。如此一来，将帅不和，谁也得不到好处了。”

提及司马穰苴，庄贾一脸的鄙视之情，他不屑道：

“司马穰苴一介武夫，出身低贱，他怎能和我相比呢？我就是羞辱他，他也不敢和我作对。我不可能比他差的，打仗还是要靠我。”

司马穰苴和庄贾约定第二天中午在军营会齐。到了约定的时间，庄贾还在和亲友喝酒。有人对庄贾说：

“出发的时辰已到，大人应该马上起程了。”

庄贾一笑道：

“我为监军，大军何时出发自然由我说了算，让他们等我好了。”

庄贾饮酒不止，又有人劝他说：

“军令如山，不可迟延，大人还是尽快动身吧！”

催促之下，庄贾却发怒道：

“我要如何，连大王都会让我三分。我就是不守军令，谁奈我何？”

庄贾索性痛饮下去，宴席很晚方散。

司马穰苴见到庄贾之时，询问缘由。庄贾傲慢无礼，口出不逊。司马穰苴气愤地说：

“大敌当前，你还耽于玩乐，蔑视军令，不杀你何以整肃军纪、退去强敌！”

在三军将士之前，司马穰苴将庄贾斩首示众。

原文

卑者宜恭不宜放。

译文

卑微之人应该恭顺，不要放纵。

释评

在封建专制时代，无权无势的人难以改变任人宰割的命运，唯有在自保上多费心思。言语恭顺，不放纵任性，这不是人的本性，但却是弱者的护身符。

事典

栾巴的倔强

东汉时，栾巴任桂阳太守。当时，桂阳郡地处南部边陲，人们不熟悉法令制度，栾巴就忧心地对属吏说：

"百姓不知礼仪制度，难免口出无状，事多磨难，这样下去是不行的。"

属吏回答道：

"大人若想破俗立新，岂是容易之事？这里民俗日久，难以改变，不如任其自然，也省了心力。"

栾巴正色道：

"此事关乎朝廷安定，焉能放纵不管呢？做官就不要图省心省力，你们都要行动起来，随我一同做事。"

于是栾巴制定各种礼仪，兴办学校，奖励并荐举人才。他在桂阳任职七年，取得了很大的政绩。

栾巴心直口快，有了心事必须说出来才肯罢休。他看不惯朝廷的黑暗，常在人前批评指责。

属吏怕栾巴惹祸，劝他道：

"大人政绩突出，如果因为言语不当而失去前程，那不是太可惜了吗？大人身为地方官，管不了朝廷的事，何必为此整日烦恼呢？"

栾巴沉痛地说：

"我不能拯救万民，心情自然郁闷，我只想发泄一下罢了。"

属吏再劝道：

"大人和朝中权臣相比，自然权小言微，咒骂他们虽可解一时之气，但可能带来无穷的后患。大人应该慎言谨行，保身要紧，绝不可意气用事啊！"

栾巴自觉属吏说得有理，但他还是不肯退缩，倔强地说道：

“人微言轻，但也不能从此不言吧？眼见国势破败，我又哪里忍得住呢？”

栾巴在朝廷担任尚书时，皇上驾崩，筑起宪陵。宪陵左右有许多百姓的坟冢，朝廷决定把这些坟冢平毁。

栾巴闻听此讯，忍不住破口大骂道：

“损毁百姓坟冢，无异于盗坟掘墓，朝廷连这种事都干，和盗贼有什么两样？”

栾巴的朋友吓得脸色苍白，急忙拉住栾巴说：

“你大骂朝廷无道，难道不想活了吗？此事与你无关，你急什么呢？”

栾巴嘴上不停地说：

“这件事有损国体，我感到可耻啊。朝廷如此不爱惜百姓，这是自掘坟墓，我怎能不说呢？”

栾巴准备进谏，他的朋友劝阻他，说：

“平毁百姓坟冢是太后的旨意，我们做官的只有听命的份。你反对此事便是反对太后，你担不起这个罪名啊！”

栾巴急不择言，他说：

“太后有错误，做忠臣的就应该站出来纠正。世上的事大不过一个‘理’字，为什么就不能反对太后呢？”

栾巴连番上书进谏，他在奏章中说：

“朝廷当以爱民为本，不爱民者天下必失。臣之所以大声疾呼，实不忍见这样的悲剧发生啊！”

临朝执政的梁太后见书大怒，她把奏书摔在地上，恨恨地说：

“栾巴只不过是个小小的臣子，竟敢大言指责朝廷，谁给他这样的胆子？”

一位忠直的老臣见梁太后发怒，急忙在旁替栾巴求情说：

“栾巴向来话语无忌，但他忠心为国是真的。”

梁太后冷笑道：

"若是人人以忠义之名指责朝廷，朝廷又是什么呢？"

梁太后下旨将栾巴逮捕，关入大狱，后又勒令他不准做官，遣回家乡。

二十多年后，灵帝登位，大将军窦武、太傅陈蕃辅政，栾巴又被召任议郎。陈蕃、窦武获罪被诛杀后，栾巴仍是无畏地反复上书为陈、窦二人叫屈。灵帝大怒，下诏痛加斥责。栾巴最后被逼自杀。

原文

人无信，则言勿听。

译文

一个人如果没有信誉，那么他的话是不能听信的。

释评

不能兑现的承诺会使人信誉无存，由此带来的伤害实难估量。总有人以迫不得已为由替自己的谎话开脱，实际上把自己推上了难以回头的绝地。人无信不立。没有信誉才是人生最大的危机，维护良好的信誉就不至于走向彻底的失败。无论如何，人们都不能拿信誉做赌注。

事典

引火烧身的布占泰

明万历二十一年（1593）六月，叶赫纠集扈伦各部入侵努尔哈赤的领地。一战下来，努尔哈赤大获全胜，乌拉贝勒的弟弟布占泰被俘，他跪在地上向努尔哈赤求饶说：

“我是乌拉贝勒满泰的弟弟，和你作对不是我的本意。你要是不杀我，今后我一定俯首听命，以赎大罪。”

布占泰叩头不已，努尔哈赤动了恻隐之心，不仅没有杀他，而且还收养了他。

三年之后，布占泰的哥哥满泰被人杀死，努尔哈赤派人送布占泰回到乌拉，帮助他做了贝勒。布占泰蒙受努尔哈赤的大恩，却不思回报，他对心腹说：

“我从前身处险境，才不得不向努尔哈赤低头。如今我为乌拉贝勒，可以一雪先前的耻辱了。”

那个心腹感到不妥，对布占泰说：

“大人受人恩惠，当思报答，否则就会失信于人，为人轻视。大人的信誉关系乌拉的存亡，此事不应草率。”

布占泰心怀愤恨，执意不从。

明万历二十五年（1597），布占泰公开叛盟。努尔哈赤十分伤心，他对部将说：

“布占泰言语无信，为人狡诈，只怪我从前看错他了。”

努尔哈赤命长子褚英率军讨伐，布占泰不敌，于是重施故技，向努尔哈赤求和。

部将皆劝努尔哈赤不要答应布占泰的要求，他们说：

“有了先前的教训，可见布占泰是个无信之人，他的话切不可再相信了。我军士气正旺，应乘胜剿灭乌拉。”

努尔哈赤心有不忍，他劝说部将道：

“我们谋求发展，不能不争取人心哪！眼下群雄并立，还是少树强敌为上，我们就再给布占泰一个机会。”

努尔哈赤把弟弟舒尔哈齐的女儿送给布占泰做妻子，另赐他五十副盔甲和十道敕书。

布占泰受此恩遇，其他人都感到意外。乌拉的族人对布占泰说：

“努尔哈赤这般礼待大人，大人再不能背叛他了。”

布占泰骄傲地说：

“努尔哈赤对我并不一定是真心，他是想利用我啊！我们乌拉举足轻重，岂能受一点恩惠就投靠他人？”

布占泰养精蓄锐，时刻想着和努尔哈赤再战。他表面上花言巧语欺骗努尔哈赤，常为此得意道：

“说谎话实在容易，这样不需付出任何代价就可稳住努尔哈赤了。可笑努尔哈赤实在愚顽，他是被我玩弄于股掌之中了。”

布占泰身边的人劝他不要这样，他们几次规劝布占泰道：

“谎话说得多了，谁也不会相信大人了，何况是英武的努尔哈赤呢？大人如此出言不慎，就不怕引火烧身？”

布占泰不听规劝，为了迷惑努尔哈赤，他竟向努尔哈赤求亲，请求努尔哈赤把女儿嫁给他。

努尔哈赤就此和部将商议，部将无一赞同，他们说：

“布占泰只会说谎，并不见切实的行动，这准是他的诡计啊！他大话无边，这本是无信之人的特征，大人再不要轻信他了。”

努尔哈赤考虑很久，仍决定答应布占泰的要求，他对部将说：

“我们要做大事，就不要怕冒险。乌拉是一支重要的力量，如有可能还是要争取的。如果布占泰再出尔反尔，那么他也彻底暴露了。我们消灭他便不会招来指责了。”

努尔哈赤于是招布占泰为婿，又给了他许多赏赐。

布占泰以为得计，不久又违背盟约，和努尔哈赤为敌。努尔哈赤亲自带领大军讨伐，一举灭了乌拉。

原 文

不知机而无泄，大安也。

译 文

不知晓机密就无法泄露，这是最安全的。

释 评

保守机密是很艰难的，一方面要守口如瓶，持久如一；另一方面要承受他人的猜疑和压力。尤其是在古代，所有的谨慎都不如不知晓机密安全，知道的秘密越多，危险也越大。搞阴谋的人是不相信所谓的誓言的，重利轻义的人是随时都能翻脸的，一旦到了紧急关头，他们就会变得残酷无情。人们不要轻易涉入这种危局。

事 典

刘洁的处心积虑

北魏明元帝拓跋嗣患病时，太子拓跋焘代管国事，大臣刘洁等人辅佐太子，共同执掌朝政。

当时，皇室中有的人想要趁机夺取皇位，他们私下四处活动，极力拉拢朝中大臣。

刘洁闻得讯息，心里一动，他把同僚古弼找来，对他说：

“你我辅佐太子，并无太大的功劳，我担心日后太子登基，你我的地位无法保全，应该设法立功啊！”

古弼无奈道：

“太平盛世，我们何以立功呢？你不要异想天开了。”

刘洁一笑说：

“机遇现在就有，不知你是否有胆量抓住它？”

古弼连连追问，刘洁于是说：

“听说皇室有人意图谋反，我想趁此赢得他们的信任。一旦我掌握了他们的机密，再向太子告发，这不是大功一件吗？相信太子一定会重用我的。”

古弼一听即惊，他想了又想，最后还是摇头道：

“为国除奸不错，不过你这样处心积虑就值得商榷了。你参与了他们的阴谋，他们一定盯住你不放，万一你脱不开身，解释不清，岂不凶险？何况这件事本该正大光明地去干，你玩弄聪明，这对你是不利的。”

古弼拒绝了刘洁，刘洁索性一人上阵。他故意流露对皇上的不满情绪，终使自己引起了谋反之人的注意，把他拉入反营之中。

明元帝死后，太子拓跋焘即位，是为太武帝。刘洁见时机已到，于是向太武帝密告谋反的人。刘洁立下大功，太武帝升迁他为尚书令，封钜鹿公。

刘洁心愿得偿，天天饮酒庆祝，他对人卖弄道：

“我以奇计除奸，一般人是想不到的，这就是我的聪明啊！”

无数人夸他有勇有谋，只有古弼不以为然，他对家人说：

“刘洁此次成功，只不过是侥幸罢了。这个人善使阴谋诡计，又自夸自傲，将来一定栽在这上面。但凡机密之事还是少知为好，更不要轻易涉足其中，万一泄露，面临的便是一场横祸。”

刘洁在朝廷主管机要，深受重用，太武帝遇事便和他商量。刘洁为了显示自己的权威，常常故意把太武帝的谈话说与人听，太武帝为此十分反感。

刘洁的家人劝他说：

“你参与机密，皇上的话怎可轻易外泄？你太不谨慎了。”

刘洁自信道：

“我就是要让别人知道皇上对我如何宠信，皇上不会怪罪的。”

一次，太武帝和刘洁商议袭击柔然汗国，刘洁劝阻不成，心里不快。他又把这个消息散发出去，结果群臣纷纷进谏表示反对。

太武帝十分生气。他把刘洁召来，当面斥责道：

“朕信任你，这才无话不谈，你轻对人言，引起纷争，这难道不是一种罪过吗？”

刘洁苦苦央求，太武帝终没有把他治罪，刘洁于是心怀怨恨。

为了证明自己的智慧高人一等，刘洁竟在大军北伐时假传圣旨，暗用手脚，借以阻挠大军北伐。

刘洁对自己的亲信说：

“只有北伐失败，方能显出我的高明，以后皇上就会对我言听计从了。”

刘洁为了万全，又想拥立乐平王拓跋丕为帝，他对亲信说：

“如果这次出师失败，皇上不能回来，乐平王和我交情不浅，拥立他我才能大权不失啊！”

不久，刘洁的阴谋被人告发，太武帝将刘洁夷灭三族。

原文

不避亲而密疏，大患也。

译文

不回避亲近的人就会使秘密泄露，这是大的祸患。

释 评

在外人面前慎言许多人都能做到，在亲人面前慎言许多人就难以做得到，而这恰恰是最不该忽视的。历史上很多祸事都是出于亲人的泄密。一个真正对自己负责的人在任何时候都会有足够的保密意识。

事 典

痛下决心的努尔哈赤

努尔哈赤

清太祖，清王朝奠基人，后金政权的建立者。雄才大略，戎马一生，恩威并施，经过三十多年的征抚，实现了女真各部的大统一。

镜　鉴

人心难测，纵是亲人也会生出异心。

明朝末期，努尔哈赤在辽东崛起，形成了不小的势力。

努尔哈赤的弟弟舒尔哈齐追随哥哥征战，立下很多功劳。后来，随着努尔哈赤的儿子褚英、代善长大成人，舒尔哈齐自觉受到了冷落，渐渐心生不满。

一次，舒尔哈齐和亲信饮酒，亲信见他闷闷不乐，于是进言说：

“大人立功无数，谁知眼下竟不如褚英、代善封赏丰厚，大人应该谋求良策啊！”

舒尔哈齐心中作痛，他泄愤道：

“我心有不平久矣，只恨无人可以诉说啊！我要和你大醉一场。”

事后，有人将舒尔哈齐的不满之词报告给了努尔哈赤，且道：

“舒尔哈齐虽为将军的至亲，但听他所言，牢骚满腹，以后也不可绝对信任了。万一有失，将军的名望和实力俱要受损。”

努尔哈赤难以置信，他说：

“我的弟弟从小和我一道受苦，说他怨恨于我，我难以接受啊！纵使他真的这样说过，也是一时的昏话，这件事不要再提了。”

努尔哈赤在弟弟面前常常夸奖自己的几个儿子，说他们可以托付大任。舒尔哈齐心里不爽，每次只是沉默。

努尔哈赤的谋士见此，几次提醒努尔哈赤说：

“将军的儿子个个英武，将军夸奖他们是应该的。只是舒尔哈齐似是感到不快，他是不是有什么心事呢？”

努尔哈赤毫不生疑，他笑着道：

“舒尔哈齐是他们的亲叔叔，他会嫉妒自己的侄儿吗？我们是一家人，一家人就不要有所猜疑。”

蜚悠城主策穆特黑苦于乌拉部的虐待，前来归附努尔哈赤。努尔哈赤派舒尔哈齐和褚英、代善等人前去迎接。有人建议说：

“舒尔哈齐和褚英、代善不睦，他们同往恐有争执，不如将舒尔哈齐留在城中。”

努尔哈赤爽声一笑道：

“你的建言实在可笑，难道你担心他们会互相攻讦吗？舒尔哈齐向来能征善战，有他前去我才放心哪！”

到了蜚悠城，他们全部收降了城四周的屯寨五百户百姓。在回来的半路上，乌拉部的酋长布占泰出兵一万人进行拦截。

面对强敌，舒尔哈齐带领五百人停留在山脚下，他冷冷地说：

“人称褚英、代善英勇善战，这回当是他们表现自己的良机了。我们在此静观其变，没有我的号令谁也不可向前。”

一位部将焦急道：

“敌众我寡，将军怎可旁观呢？强敌不退，我等也会难以保全。”

舒尔哈齐高声断喝，打了部将一马鞭，他愤愤地说：

“我不是旁观，而是不想和二位侄儿抢功。你再胡言，我就亲手杀了你！”

褚英、代善以少敌多，凶险万分，好在他们拼死力战，将士用命，这才打败了乌拉兵，险胜强敌。

归来之后，有人将这件事报知了努尔哈赤。

报告之人又进言说：

“舒尔哈齐按兵不动，分明是要置二位公子于死地，这样的亲叔叔不可不防。所幸二位公子平安归来，将军一定要追究此事。”

努尔哈赤证实确有此事后，又气又恼，但他念及兄弟之情，饶过了舒尔哈齐。努尔哈赤痛心地说：

“我向来信任自己的亲人，无话不说，无事不谈，谁知竟会有这样的结果？看来有错的还是我啊！”

从此，努尔哈赤疏远了舒尔哈齐，再也不派他带兵出征了。舒尔哈齐更加怨恨，竟离开努尔哈赤到黑扯木居住。努尔哈赤见其心不善，下令杀了舒尔哈齐的两个儿子。舒尔哈齐受到了震慑，不得不收敛野心，重新回到努尔哈赤的身边。

节情卷 第七

知书而后忘情焉。抑性而后正身焉。

纵亲见私，不容也。纵友见拙，不智也。纵怜见稚，不厚也。

天怒成灾，人怒成害。君子戒悲，小人戒忧。不舍之情，羁身也。

幸不恃色，荣定其品也。义不恃媚，信定其谐也。

本卷精要

- 先驾驭情感，再驾驭人生。
- 放纵情感，如纵祸患。
- 友情贵在真诚，纵友则见拙，不智也。
- 仁义不可乱施。
- 惩恶扬善，缺一不可。
- 天怒成灾，人怒成害。
- 君子戒悲，小人戒忧。

原文

知书而后忘情焉。

译文

有知识才能不为情感所左右。

释评

因控制不了自己的情感而导致的悲剧令人叹息，也令人感伤。人生多灾多难，许多细小的东西把持不住，就会引发巨变。情感的波动需要调控，这不仅需要理智，更需要知识。实际上，人们的激愤和冲动很多时候都是对事物缺乏本质认识的反映。知识能使人视野开阔，洞悉万物。人只有认清了世界与社会的本质，才不会有那么多的迷惘与困惑。

事典

悟出玄机的范景文

明万历四十一年（1613），吴桥人范景文考取了进士，被授予东昌府推官之职。

初入官场，范景文事事都看不惯，一度情绪低落，他曾对上司抗议说：

“你当面一套，背后一套，难道这是做人的标准吗？你不配做父母官！”

范景文于是遭到了上司的打击报复，许久得不到升迁。

范景文悲观之时，一位老吏对他说：

“你的表现在我看来实在幼稚，可见你读的书还是不够啊。你这般容易激动，不是对世事知之不多的表现吗？其实这一切都是再正常不过的事，又有什么可奇怪的呢？”

范景文很不服气，他说：

“我是进士出身，书自是读得多了，你没有资格教训我。”

老吏一笑，语重心长道：

“读书一定要读懂其中的道理，否则再多也是无用的。你若想改变自己的厄运，就要重新研习诗书。”

范景文接连不顺，于是尝试重读诗书。一番苦读深思之后，范景文渐渐有悟，他找到老吏道歉说：

“你说得对，都怪我年轻气盛。其实，所有的事都有它的相似之处，只是我读的是死书，先前从未加以联想和比较，这才有了太多的不解和激愤。”

范景文变得成熟起来，处事也更加得体，渐渐有了政绩。

天启五年（1625），范景文被任用为文选郎中。当时，魏忠贤专权，范景文和他是同乡，有人就建议说：

“魏忠贤权倾朝野，许多人都巴结不上他，你和他有同乡之谊，为何不加以利用呢？只要他说一句话，你的官职就可马上晋升了。”

范景文冷冷道：

“我利用他，他自会利用我，若是为了升官而使自己背上恶名，我是不肯这样做的。魏忠贤倒行逆施，他是没有好下场的。”

提建议的人十分震惊，说道：

“你这样诅咒魏忠贤，实难让人理解，你有什么根据吗？”

范景文哼了声说：

“看看书中古来旧事，哪个权臣会得善终呢？魏忠贤比他们还要猖狂残忍，其结局自可推知了。”

有此见识，范景文始终拒绝和魏忠贤来往。魏忠贤垮台时，依附他的人都被治罪，范景文却为人称赞。

崇祯初年，范景文为太常少卿，他向崇祯进谏说：

“奸党横行之时，攀附奸党的人众多，这些人只为获取私利而忘却忠义，险些让国家倾覆。臣以为他们之所以发生动摇，实有不知书、不明理之因。他们心怀侥幸，无视灾难，这种遗毒一定要肃清。”

崇祯对范景文说：

“奸党中也有许多是读书人，他们和宦官不同，这个作何解呢？”

范景文回答道：

“真正的读书人能参透天地之理，能悟出人世玄机，他们又怎会随意改变自己的好恶呢？随时改变立场的读书人还是没有读懂诗书，他们身陷困厄也就难免了。”

崇祯并未理会范景文的深意，他敷衍道：

“奸党已灭，遗毒自消，你的建言无须再议了。”

范景文内心焦虑，只好作罢。两年之后，范景文借父丧辞官。

原文

抑性而后正身焉。

译文

抑制天性（中恶的方面）才能不走歪路。

释评

人的天性里有探索欲、创作欲、使命感、善意等好的方面，也有破坏欲、控制欲、嫉妒、懒惰等坏的方面，如果不加以节制，其结果就难保如意。人的天性应该接受后天的引导，不能放任。抑制天性并不是压制个性，只有符合社会道德规范的天性得到展露才能带来好的效果，得到人们的认可。那些把缺点当个性的人，应该及时醒悟。

事典

孙武的智谋

孙　武

古代著名军事家，以《兵法》十三篇见吴王阖庐，受任为将。战无不胜，曾率领吴军攻入楚国都城，北威齐晋，南服越人，显名诸侯。

镜　鉴

行事不可冲动，条件不成熟时须得忍耐。

春秋时期，孙武出仕吴国，以客卿身份参与军政大事。

吴王阖闾急于扩张，他对群臣说：

“人生实在短促，如不及早建立霸业，就会永远遗憾。我准备伐楚很长时间了，不能再等了。”

群臣附和阖闾的主张，只有孙武表示反对，他劝谏说：

“兵乃凶事，岂可妄动干戈？人都是喜欢建功立业的，可是如果任性而为，那么就会适得其反。大王应耐住性子，苦修战备，日后再战也不迟。”

阖闾坐立不安，他高声说：

“先生说得有道理，可寡人心急如火，又该如何排解呢？”

孙武指点道：

“大王不能只图一时兴起所带来的快乐，更要想到其后的结果。如果因大王之失而使将士枉送性命，那么大王就只能饮恨。大王若能想到这些，便可抑制自己了。”

阖闾听过释然，心里不再躁动。

过了一段时间后，阖闾又向孙武说：

“现在士卒训练有成，粮草皆已齐备，可以伐楚了吗？”

孙武摇头道：“不可。”

阖闾疑惑说：

“士卒用命，粮草充足，这些都是胜利的保障，为何不可呢？”

孙武解释道：

“打仗必须有必胜的把握，决不可有侥幸心理。如今我军准备还远远不够，重要的是要瓦解敌人的军心，促其内乱，这样方能一战而胜。”

阖闾皱眉道：

“你说得不错，可做到这一点太难了，敌军怎会听从我们的摆布呢？如是坐待，寡人绝无此耐心。”

孙武规劝说：

“大王这么急躁，是用兵的大忌。我军重在取胜，何必急于一时？我估计用不了多长时间，敌军自有变化。”

孙武的建言令阖闾不快，有人趁机讨好阖闾道：

“大王的主张不会有错，我军气势正盛，当马上出兵，否则就会失去战机。孙武过于谨慎，这种人不敢冒险，焉能用兵？”

阖闾心里急切，想要马上伐楚，孙武再行规劝，阖闾却是不听了。

孙武情急之下，跪地不起，颤声说：

“伐楚势在必行，只是稍待时日而已。大王如果执意率性而为，我只有辞官。”

孙武的这番举动终使阖闾改变了主意，把伐楚之事延后。

万事俱备之后，孙武这才建议阖闾伐楚，他献计说：

“楚国有不少附庸国，要伐楚必须先震慑住这些小国，以防他们抱成一团，和我们死拼。吴楚边境的舒地，驻有吴国的叛逆掩余、烛庸。大王可先攻舒地，一来可杀叛逆，二来可威吓楚国的附庸国，这是一举两得啊！”

阖闾采纳了孙武的计策，命他带兵攻打舒地。

孙武带兵出发后，缓缓而行，他还对将士们说：

“驻守舒地的吴兵为奸人挟制，他们的处境十分可怜啊。只要他们不与我军为敌，我就会放他们回到故里。如果他们能在我军破城时立功，我一定要重赏他们。”

孙武的部将对此不解，说：

“将军不领兵疾进，反事先说出宽恕反叛吴兵的话，这会影响攻城的。”

孙武说：

“打仗不能心急，要多考虑各种情况，我这样做是有深意的。”

到了舒地，孙武驻扎城外，并不急于进攻。

两天之后，城中发生内斗，反叛的吴兵纷纷从城中逃出来，投奔孙武。孙武趁乱进兵，不伤一兵一卒便夺取了舒城。

原文

纵亲见私，不容也。

译文

纵容亲情就会显露私心，这是律法不能容忍的。

释评

人们在亲情上很容易失去理智。亲情是重要的，但并不是至高无上的。在大局面前，不可放纵亲情，否则就是对社会与他人的不公。人们不能原谅因私废公的人，更不能容忍因私害公的人。过分强调亲情而置其他于不顾，会失去正义公信，使自己成为孤家寡人。

事典

改变策略的司马睿

司马睿

晋元帝，字景文。“八王之乱”后靠王氏家族辅助登上宝座，在位6年，执政颇艰难，忧愤而死，终年四十七岁。

镜　鉴

任人唯亲会使自己孤立而陷入困境。

西晋永嘉元年（307），晋怀帝封琅邪王司马睿为安东将军。司马睿渡江南下，到建康城赴任。

司马睿自知江南复杂，担心难以统治，他对心腹说：

“我资望不高，名声不响，江南士族恐怕不会服我，我只有用至亲和身边的人了。”

心腹赞同说：

“此话不假，和王爷最贴心的还是亲人和心腹，其他人都是靠不住的。”

司马睿安插亲信担任要职，对江南士族一律排斥。江南士族见其如此，敬而远之，没有一个前去拜见他的。

当时天下纷争，群雄争锋，有人见司马睿如此孤立，就劝他说：

“王爷据守江南，如果没有豪门士族的支持，便不能长久。王爷只念亲情，不思长远，这是失策啊。”

司马睿分辩道：

“我贵为王爷，自有用人的权力，难道外人比得过亲人吗？”

进言之人说：

“天下不能只靠亲人去治理，应该用贤人和能人。王爷这样怀有私心，不是成大事的气度，能人志士自然不会投靠王爷了。一旦有变，王爷依靠谁呢？”

司马睿心虚，脸上渗出汗来。

出身豪门望族的王导和司马睿是知心朋友。司马睿为了摆脱困境，于是向王导请教，司马睿说：

“我镇守江南，人心不服，士族观望，我该如何打开局面？”

王导对司马睿的所作所为早已知晓，他趁机道：

“王爷可曾想过，人心为何不服？士族为何观望？说来都是王爷私心所致啊！王爷不能目光短浅，任人唯亲，而应礼贤下士，招揽豪杰。这样，王爷的公正之心才会广为人知，豪杰自会归附了。”

司马睿见王导也这样劝告自己，不禁萌生悔意，他坦言道：

“我对外人颇不信任，难怪人家对我远远避开。我决心听从良言，再不做这样的傻事了。”

王导又给司马睿出了个主意：每当节日聚会，请司马睿乘车出游，自己偕同渡江南来的北方名流骑马随行。王导就此解释说：

“臣是北方大族，臣毕恭毕敬服侍王爷，定会在江南士族中间产生震动，也会显示出王爷的待士之心。只要王爷坚持不懈，自会收到奇效。”

司马睿依计而行，果然反响热烈。江南士族互相传扬说：

“王爷能令王导折服，可见王爷并不是心胸狭隘的人啊！我们应是误会王爷了，不可再疏远他了。”

江南士族纷纷参拜司马睿，表达了报效之心。

顾荣、贺循是江南士族的领袖，很有号召力。王导向司马睿建议说：

“王爷没有私心，当用实际行动让天下人知晓。顾荣、贺循德才兼备，王爷当重用他们，以表恩德。”

司马睿有些犹豫，他说：

“这二人的才能我只是听闻，并未亲见，不如先行试用，以后定夺。”

王导坚持说：

“用人不疑，只有付诸行动才可表明真心，王爷切勿拖延了。”

司马睿于是在王导的陪同下，亲自拜访顾荣、贺循，请他们出山，委以重任。不久，江南名士纷纷聚在司马睿的帐下，司马睿的地位日渐稳固。

原文

纵友见拙，不智也。

译文

纵容友情就会显现拙陋，这不是聪明的做法。

释评

友情贵在真诚，而不是无条件、无原则地屈从。维系友情不能一味迁让，敢于直言和谏诤的朋友方是知己。没有友情的人生是单调的，但是友情过多、过滥，其中的情感难免会有水分。对友情的投入要有节制，如果不问青红皂白，一味全然付出，那就是不明智的。

事典

太子丹的忍痛弃友

太子丹

战国末年燕王喜的太子，名丹。曾被作为人质送往秦国，后逃归。因患秦军逼境，派荆轲入秦刺秦王不中。后来秦军攻破燕国，他逃奔辽东，被燕王喜斩首献给秦国。

镜　鉴

即便有负于朋友，也不可不顾念大局。

战国末期，秦国一步一步蚕食其他诸侯国，诸侯个个自危。

秦国的将领樊於期在秦犯了过错，逃到了燕国，投奔好友太子丹。太子丹念及旧情，毫不犹豫地收留了他。

太子丹的老师鞠武听说这件事后，坚决反对说：

“太子注重友情，也不能置国家存亡于不顾，把樊於期留在燕国。”

太子丹十分不解，他问道：

“我的朋友樊於期走投无路，难道我不该帮助他吗？这只是我个人的私事，又怎会危及燕国呢？”

鞠武大声道：

“太子太糊涂了。秦王暴虐，又对燕国仇视，这已经很可怕了。如今太子收留秦国的叛将，这不是给秦国攻打燕国的口实吗？太子应该马上让樊於期到匈奴去，免得招来一场大祸。”

太子丹听罢摇头，坚持说：

“出卖朋友就是不仁不义，这种事我决不会做的。”

鞠武又急又气，苦劝道：

“我不是让太子出卖朋友，而是让太子权衡利害。我认为，如果太子为了延续一个朋友的交情而不顾国家的大祸患，那就是不智啊！太子身系燕国的兴亡，不应感情用事，否则燕国就凶多吉少了。”

太子丹始终不肯答应鞠武的要求。鞠武十分苦恼，他对家人说：

“太子不识大体，为友情所迷，燕国只怕没救了。”

家人惶恐道：

“若是为了一个樊於期而使燕国灭亡，这个代价太大了。为了燕国的百姓，你也要设法说服太子啊。”

鞠武苦思良策。他通过自己的好友田光为太子丹举荐了义士荆轲，荆轲在太子丹的恳求下，答应了刺杀秦王之事。

太子丹把荆轲尊为上卿，让他住最好的房子，供给上等酒食，任其享用。

一日，鞠武前去探视荆轲，他见荆轲气定神闲，一笑道：

“壮士义薄云天，甘愿赴秦，不知可有必胜的把握？”

荆轲慢声说：

“我既答应太子所请，就要义无反顾，其他的我就不多想了。”

鞠武连连点头，道：

“秦国的叛将樊於期为太子收留，秦国必将愤恨不休。我劝过太子，无奈太子不听，还请壮士多加劝谏。樊於期对燕国是祸，只怪太子心有不忍啊！”

荆轲记住了鞠武的话，当太子丹催他赴秦时，荆轲说：

“我去秦国，一定要先得到信任的凭证，这样才能接近秦王。樊於期身在燕国，秦王悬赏千斤黄金、万户封邑要得到他。太子如果把樊於期的首级交付于我，秦王一定会高兴地见我，这样我就可以完成使命了。”

太子丹立时脸色大变，他拒绝道：

“樊将军在困迫之际投靠我，这是他相信我啊！我不能答应你的要求。”

荆轲于是找到樊於期，直接对他说：

“你的到来给燕国带来了灾祸，也给太子出了个难题，这是一个朋友该做的事吗？现在情况危急，你又有何打算呢？”

樊於期流泪道：

“太子对我友爱，我不能连累他。只恨我不能杀了秦王，为我父母和族人报仇雪恨了！”

荆轲说出了自己的计划，樊於期如梦方醒，他咬牙道：

“若能杀了秦王，使太子脱困，我死也值了。”

樊於期刎颈自杀。太子丹闻讯赶来，哭过之后，便把樊於期的首级用木匣封好，交与荆轲，让他速速上路了。

原文

纵怜见稚，不厚也。

译文

放纵同情心就会显出幼稚，这不是忠厚的原意。

释评

同情心并非越多越好，忠厚并不意味着没有选择地滥施仁义。对小人而言，对手的同情心是可以利用的。对滥施仁义者而言，他们的幼稚只会给自己带来灾难。农夫与蛇的故事在历史上频频上演，对人与社会的认识不能简单化，否则就应付不了复杂的局面和形势，惩恶扬善缺一不可。

事典

包藏祸心的陈名夏

清顺治二年（1645），陈名夏降清。他拜见睿亲王多尔衮时，极力请求多尔衮继承皇位，他说：

“王爷英明神武，岂能甘居人下？所谓天下能者居之，王爷不必顾忌什么。”

多尔衮虽没有听从他的建议，却对他心生好感，提拔他为吏部侍郎，兼任翰林院侍读学士。

多尔衮的心腹讨厌陈名夏的小人嘴脸，他对多尔衮说：

“陈名夏无忠无德，只知百般逢迎王爷，这样的小人不该得到重用。王爷是不是要重新考虑？”

多尔衮笑道：

“陈名夏实是小人，但也有大用，眼下是非常时期，我只能选取听命于我的人哪！”

陈名夏听命于多尔衮，附和他搞乱政事。有人劝陈名夏说：

“你是明朝的进士出身，本该知书达理礼，如今极力推行暴政，你就不怕遭天下人唾骂吗？

陈名夏不知愧疚，反而得意道：

“江山易主，我就该为新朝效力，只要我有官做，还怕别人的唾骂吗？我就是这样，谁也扳不倒我！”

人们都说陈名夏是个恶狼，对他无不侧目而视。

多尔衮死后，陈名夏失去了靠山，陷入了困境。大臣们揭发陈名夏的罪行，要求将他处死，他们说：

“陈名夏依附多尔衮，专权纳贿，无恶不作，不杀他就难平民愤。”

清世祖顺治帝见群臣声讨陈名夏，于是问侍臣说：

“陈名夏罪名实多，朕一定要杀他吗？”

侍臣不知顺治帝的心意，不敢贸然作答，只含糊道：

“陛下自有英明决断，臣不敢妄测。”

顺治帝一叹说：

“天下未定，岂可擅杀大臣？陈名夏虽有大罪在身，朕还是不想杀他，朕想让他认真改过。”

群臣得知顺治帝的意思后，都感到意外，他们劝谏顺治帝说：

“陛下仁爱，天下皆知，然仁爱太过，就是放虎归山。陈名夏为人奸险，心如毒蝎，他不知感恩，只会恩将仇报，对这样的小人岂能放过呢？陛下应该果断采取措施，而不能心慈手软啊。”

顺治帝劝众臣不要意气用事，众臣仍坚持劝谏。顺治帝一意孤行，宣布说：

“朕一言九鼎，说过的话决不更改。陈名夏其罪可恕，朕决意赦免。”

陈名夏俸禄照给，只是被免去官职，每天还可以上朝，以便改过自新。

众臣私下互相议论说：

“皇上仁爱无比，只是不该对陈名夏如此。陈名夏本性难改，皇上对他抱有幻想，将来一定会后悔的。”

顺治十年（1653），顺治帝竟又起用陈名夏，任用他为秘书院大学士。

陈名夏复得重用，立时猖狂起来。他纵容儿子陈掖臣横行乡里，干了许多不法之事。他对群臣心怀怨恨，不时向顺治帝进献谗言，无所不用其极。

群臣又一次被激怒，他们再次联合起来，同声弹劾陈名夏。大学士宁完我还上书揭发陈名夏说：

“陈名夏多次得到陛下的宽赦，怎奈他恶性不改，仍然包藏祸心。他对陛下并不敬爱，还曾对臣说‘留起头发，恢复以往的服装，天下就太平了’。”

陈名夏的罪行一一得到证实，顺治帝后悔不已，将他处以绞刑。

原文

天怒成灾，人怒成害。

译文

上天愤怒会造成灾难，人们愤怒会造成伤害。

释评

制怒是人生的一大课题，不能制怒的人生一定是荆棘遍地的。世上总有事情让人愤怒，只会愤怒而不会克制就永远生活在黑暗中。情感有多种，不会只有欢欣，愤怒也是其一，人们一定要学会接受它。消化愤怒不能靠大肆发泄，而要靠自身的修养。如果提前想到愤怒的后果，那么大多冲动就都能按捺得住，不会爆发而产生严重后果。

事典

引退归乡的高拱

明世宗时，高拱为徐阶所推荐，得任礼部尚书之职。

高拱身份高贵起来，而徐阶却仍一如既往地支使他，高拱感到不受尊重，心中不禁有了许多怨恨。一日，高拱和好友郭朴闲聊，高拱便说出了心中的想法，他说：

“我虽然受了徐阶的推荐，但这不能成为他驭使我的理由。徐阶对我大呼小叫，十分无礼，我实在难以忍受了。”

郭朴也曾受过徐阶的恩惠，他极力开释高拱说：

“受人滴水之恩，当以涌泉相报。徐阶只是轻慢了你，为什么就不能忍受呢？你要多想些徐阶的好处，这样你就不会那样愤怒了。”

徐阶的同乡人给事中胡应嘉弹劾高拱，高拱闻知此事怒火中烧，他对郭朴说：

“胡应嘉本不该弹劾我，我想这一定是徐阶的指使。”

郭朴谨慎道：

“你这样断定，未见有理。万一冤枉了徐阶，岂不大错？”

高拱因为对徐阶存有偏见，一口咬定是徐阶所为，对他更加怨恨。

穆宗即位后，高拱晋升为少保兼太子太保。他依仗穆宗的宠幸，处处和首辅徐阶作对，令其难堪。

一次，穆宗亲自调和二人的矛盾。穆宗对高拱说：

“徐阶身为首辅大臣，应该得到你的尊重。如果你们二人相斗，那么两人都会受到伤害，朕也不忍见啊。”

高拱当面答应穆宗，私下却怒火中烧，他对亲信说：

“皇上责罚于我，一定又是徐阶告状所致，我怎会饶过他呢？”

第二天，高拱面见穆宗，说了徐阶很多坏话。穆宗生疑，他问高拱道：

“如果你所说的不实，那么朕一定要惩罚你，你敢认定无虚吗？”

高拱把心一横，咬定说：

“臣句句无虚，但请陛下详查。”

穆宗命人调查徐阶。高拱的朋友郭朴为他担心，劝他说：

“你诬陷徐阶，显然是怒火攻心了，倘若皇上查出真相，你就是自作自受，这太不明智了。”

高拱不肯认错，他愤愤地说：

“徐阶和我作对，我整治他也是应该的。我决心和他斗到底，是好是坏只能听天由命，我决不后悔。”

郭朴心中叫苦，又道：

“皇上信任徐阶，你这样无端攻击他，只会令皇上厌弃你。一旦皇上有所动作，你的处境就难以预料，你想过这些吗？”

高拱怒气正盛，连忙打断郭朴的话，他喘息着说：

“恶气不除，难以为人！我也不想那么多了。”

徐阶被证实无罪后，穆宗不忍处置高拱，只训斥高拱说：

“你无中生有，攻击首辅大臣，朕感到痛心。你那么痛恨徐阶，不惜骗朕，这是为什么呢？”

高拱强词夺理，他哭诉道：

“徐阶处处欺臣，臣感到屈辱。臣不是有意欺骗陛下，而是有恨难申啊。”

穆宗伤情一叹，劝诫道：

“你们二人都是朕的心腹之臣，本不该如此难容。你们只是意气之争，并无大的利害冲突，还是罢手吧！”

高拱不听穆宗规劝，私下仍和徐阶相互诋毁。朝中大臣左右为难，朝政一时难断，人人互相推诿。

最后，人们对高拱指责不断，高拱不能自安，只好引退归乡。

原文

君子戒悲，小人戒忧。

译文

君子戒忌悲观，小人戒忌忧思。

释评

君子的高贵体现在他们永葆乐观向上的精神，即使身处绝境，他们也是不悲观的。小人的卑猥表现在他们安于苟且，纵然大祸临头，他们也是不知醒悟的。心忧天下，方能不为己悲，这是君子能战胜一切悲苦的缘由。他们走出了个人的天地，人生变得阔大起来。小人个人至上，由此失去了远虑，安乐只能是暂时的。

事典

据理力争的周起元

明万历二十八年（1600），福建海澄人周起元在乡试中考取第一名，第二年考取了进士。

周起元历任浮梁、南昌知县，他在任期间，以廉洁宽厚闻名。

一次，周起元的好友前去探视他，好友诉说了官场的黑暗之后，劝他说：

“如今朝廷腐败，你的清廉勤政是得不到上司赏识的，为何你要逆水行舟呢？”

周起元正色说：

“我不像你这样悲观，否则又怎能做一个好官呢？我不能失去信心，努力总会收到成效的，这个时候更要践行而不是抱怨。”

周起元不随俗流，对他不满的官吏都难为他，上司更是找他的麻烦，不时加以训斥。周起元的家人担心他的处境，劝他辞官回乡。家人说：

“你脾气倔强，又不肯改变自己，将来怕是会大祸临头啊！我们担惊受怕，度日如年，不如辞官安稳些。”

周起元安慰家人说：

“我相信好人必有好报，怎能自己吓唬自己呢？我所做的事都堂堂正正，没有理由逃避啊！”

周起元不怕打压，困难之时也不气馁，人们都称他是真正的君子。

后来，吏部举行考试，周起元以优异的成绩考取了湖广道御史之职。等候朝廷正式任命期间，又有人诬陷周起元，致使他的仕途顿显艰难。

周起元的朋友劝他到京城疏通关系，上下打点。朋友说：

“现在贿赂公行，你切不可固执了。如果破费一些银两可以换来一路畅通，也十分值得。”

周起元厌烦朋友的话，他说：

“我没做亏心事，就不怕他人诬陷。我要上书自辩，决不干苟且之事。”

周起元坚持上书，常常音讯皆无。他并不灰心，且道：

“朝廷总会有正直之人，我相信自己一定能洗去污点。”

两年之后，周起元终得清白，随后被任命为御史。

担任御史期间，周起元刚直不阿，以敢言闻名。一次，一个朝中大员向他说：

“你只重死理，不问其人为谁，你就不担心惹祸上身？”

周起元回敬道：

“我只是依法行事，如果因人而异，岂不成了欺软怕硬的小人？我做事无私，从不担心明天会有什么祸患。”

奸人刘世学是诚意伯刘荩臣的从祖，他上书诋毁忠臣顾宪成，引起了周起元的极大愤慨。周起元想要驳斥刘世学，周起元的家人阻止说：

“此事与你无关，你若参与进去，必会得罪刘荩臣，你不要多管闲事了。”

周起元生气道：

“奸人陷害忠臣，此事不加制止，朝廷就会愈加黑暗。我身为御史，难道此事与我无关吗？我不能只为自己的利益考虑，否则就是失职！”

周起元的家人急道：

“刘荩臣势大权重，你是斗不过他的。你难道看不透这一点吗？”

周起元斥责家人怯懦，坚定地说：

“好人总会战胜坏人，这是不容怀疑的。我向来相信邪不胜正，所以我从来就不畏惧权势。”

周起元上书斥责刘世学，极力为顾宪成辩白。他说：

“时下奸人诬陷忠臣成风，如果此风不加制止，那么朝廷就会失去人心，走向堕落。朝廷应该惩治奸人，奖励忠臣，这样人们才会看到希望，坚守正义。”

周起元据理力争，终使朝廷排除了干扰，下令逮捕刘世学。

原文

不舍之情，羁身也。

译文

不肯割舍的情感，束缚着人的身心。

释评

对人事物不肯割舍的情感使人放不开手脚，关键时刻不敢放手一搏。鱼与熊掌不可兼得，许多事都是有所舍才有所得。懂得放手，是解放自己的前提，也是战胜自己的关键。

事 典

汉成帝的感情用事

汉成帝

刘骜，西汉第十二位皇帝，昏庸失政，以致“赵氏乱内，外家擅朝”。

镜 鉴

授亲近之人以大权，反易危害自身。

西汉元帝时，太子刘骜从小就倚靠舅舅王凤，对他十分亲近。

王凤为了迎合太子，对他并不认真管教，反劝他追求享乐。渐渐地，太子学会了饮酒，在背地里寻欢作乐。

元帝知道太子的劣迹后，心中忧虑。他先是斥责王凤管教不力，后又教导太子说：

“将来你就是天下之主，岂能随随便便、不拘小节呢？治理天下不能依靠别人，全靠你自己拿主张。你太听你舅舅王凤的话，这是你的软弱之处，也说明你毫无主见，你要及时改正这一点。”

太子满口答应，事后却说：

“只有舅舅关心我，他是我的至亲，难道还会害我吗？”

元帝去世，太子即位，是为成帝。成帝尊王皇后为皇太后，以大舅王凤为大司马大将军，兼领尚书，加封食邑五千户；又封皇太后的同母弟弟王崇为安成侯，食邑万户；王凤的异母兄弟王谭等都赐爵为关内侯，加封食邑。王氏一门一时荣显无比。

有人反对成帝这一做法，进言说：

“陛下对至亲加恩应当适度，像陛下这样厚封王氏满门，就难免惹起非议。朝廷有朝廷的法度，当奖功罚罪，陛下如不能割舍偏爱之情，人们就要心寒了。”

成帝对进言之人大为痛恨，他怒道：

“朕为天子，加恩于谁无须请教旁人。你指责朕，就是大逆不道！”

成帝惩戒了进言之人，把朝政交与王凤掌管，自己很少过问。

王凤独掌大权，对文武百官十分轻视。他常借天子之名训斥百官，做事也全凭一己之见，听不得他人建言。

一年夏季，黄雾弥漫，终日不散。成帝感到不安，征询谏议大夫杨兴的看法。杨兴趁机进谏说：

“先前高帝有约：不是功臣不能封侯。如今太后的各个兄弟都以无功被封为侯，违背了先帝之约。这是外戚中未曾有过的现象，所以苍天以灾异示警。”

成帝默然不语，杨兴再谏说：

“做大事就要割舍情感，否则为情所绊，事情就无法顺利。陛下当以天下为怀，任贤用能，不能只念至亲，冷落人才。”

成帝颇为不快，他把杨兴打发出去，回头对侍臣说：

“人心险恶，朕信任至亲难道不该吗？大臣们为此议论纷纷，实是不明朕心哪！”

王凤听说大臣们议论自己，怒不可遏，想要报复为首的几个人。他的心腹忙劝阻说：

“时下天降黄雾，皇上正为此愁苦，大人哪能授人口实呢？不如佯作请辞，安慰皇上，亦可麻痹百官。”

王凤于是上书谢罪，请求辞官。他故作诚恳地说：

“陛下关爱臣，本是重亲情所致，不料却招来群臣激愤，指责陛下。臣不忍见陛下委屈，故而请辞官职，以安群臣之心。”

成帝见书大恸，说：

“舅舅为朕牺牲，不计代价，朕更不能辜负他。群臣无事生非，要挟于朕，朕不能满足他们的心愿。”

成帝不准王凤辞职，反而对他更加信任了。他对群臣说：

“朕为天子，天降灾异示警，朕坦然接受，与他人无关。王凤尽心职守，有功无过，当安心在朝为国效力。”

有人见成帝如此糊涂，于是又进言说：

“陛下既为天子，当要履行天子的使命，岂能假手于人呢？陛下在此不要依赖任何人，否则皇权危矣！”

成帝重惩了进谏之人，依然如故。

成帝死后，王氏一门俱掌权要，显赫无比。后来，王氏门中的王莽篡汉自立，建立了新朝，西汉灭亡。

原文

幸不恃色，荣定其品也。

译文

博取宠幸不能倚仗美色，荣显是由其德行决定的。

释评

建立在美貌之上的宠幸是不牢固的，良好的德行才能赢得真正的荣耀和敬重。无论何时，人内在的品质都具有持久的吸引力。超越了外表的魅力之后，品德的价值才会真正显现出来。

事典

被赐自尽的冯妙莲

北魏孝文帝在位时，冯太后想让自己家族累世受宠，特地选兄长冯熙的两个女儿入宫。冯姗是冯熙的次女，但她是冯熙的正妻所生，所以被立为皇后。冯熙的长女冯妙莲非冯熙的正妻所生，故被立为昭仪。

冯妙莲玉貌花容，比妹妹冯姗漂亮，她自恃这一点，对自己没有被立为皇后颇有怨言。冯太后有所察觉，她曾教训冯妙莲道：

“你服侍皇上，贵在温柔体贴，善解人意，品行端正，这样才能得到皇上的长久宠幸。像你独工姿媚，德行不修，又怎保皇上的宠幸不衰呢？”

冯妙莲心里不服，表面上只作应承，她对心腹侍女抱怨说：

“我远比妹妹漂亮，却位在妹妹之下，我怎会甘心呢？我们女人比的就是容貌，皇上会在意我们的德行吗？”

冯姗貌不出众，却品德良善，颇有德操。她在孝文帝面前从不献媚，常常规劝他做些善事。孝文帝起初并不喜欢冯姗，渐渐受到了感染，他觉得还是冯姗端庄一些。

一次，冯姗对孝文帝良言相劝，孝文帝笑着说：

“你每每进谏，好像朕的大臣，你喜欢这样吗？”

冯姗回答道：

“妾为皇后，理当为陛下提醒一二。妾若是只知梳洗打扮，便与寻常女子没有什么不同，妾不想这样。”

至此，孝文帝对冯姗的敬意油然而生，夸她是个好皇后。

冯妙莲不像妹妹那样关心国事，她的心思全在争宠上。她天天卖弄风情，在孝文帝面前极尽狐媚。

一次，她服侍孝文帝，进言说：

“陛下操劳国事，难得到后宫休息。皇后不知体贴陛下，犹在进谏，妾以为不妥。”

孝文帝一怔，旋道：

“你真是这样想的吗？”

冯妙莲娇声说：

“妾只想让陛下安歇，得到休息，难道有什么不好吗？”

孝文帝为其迷惑，渐渐对皇后冯姗疏远，开始宠幸冯妙莲了。

冯姗受到冷落，不改其行。她的亲信侍女劝她说：

“皇上喜欢温柔体贴之人，娘娘以后就不要劝谏皇上了。劝谏是大臣们的事，娘娘只要赢得皇上的欢心就是了。”

冯姗叹气道：

“我贵为皇后，怎能和平常女子一样争宠呢？皇后若无德行，不仅丢皇上的脸，也是失职。我的姐姐只知讨好皇上，处处迷惑皇上，她哪里知道，这样是得不到皇上的心的，一旦有变，她就惨了。”

冯姗为此劝过冯妙莲，她诚恳地说：

“我们做女人的不可以只讲妩媚，皇上的宠幸并不可靠。只有我们德行上佳，皇上才不会厌弃我们。”

冯妙莲将冯姗的劝告视为恶意，她对心腹说：

“皇上看中的是美色，妹妹劝我修德，分明是误导于我，她是在嫉恨我啊！”

冯妙莲于是深恨冯姗，每每在孝文帝面前说冯姗的坏话。久而久之，孝文帝对冯姗厌恶起来，最后把她废去，打入冷宫。

冯姗满腔幽怨，但并不绝望，她自求到瑶光寺为尼。冯姗最后对冯妙莲劝告说：

“你迷惑皇上，搬弄是非，如不及时悔改，你的下场是不会好的。我虽失宠，但我无愧于心，犹有命在，而你若再错下去，只怕性命难保啊！”

后来，冯妙莲被立为皇后，终因她不守妇道，与人私通，被赐自尽。

原文

义不恃媚，信定其谐也。

译文

情义不能倚仗献媚来维持，相互信任才能奠定和谐的关系。

释评

献媚奉承向来交不到真心的朋友。真正的友情贵在默契和谐，而不是强买强卖。情义的建立需要心的感知。没有无言的互信，和谐就不可达成，其他的努力也会徒劳。舍弃献媚之心、阿谀之态，在信任之中传递真情，往往更能震撼人心，引起共鸣。

事典

赵岐的感叹

东汉时，有才有艺的赵岐娶扶风人马融之兄的女儿为妻。马家是豪门，赵岐却从不和马融来往。

一次，赵岐的朋友对他说：

“马融颇有势力，你与他有亲，当主动拜见他。如果有了马融的提携，那么你的前程便不愁了。”

赵岐感叹道：

“马融虽和我有亲，但我听说他喜欢媚言，极为高傲，所以就不屑和他攀亲。像他这样的人，只有不知廉耻的小人才能和他投机，我还是安于贫贱的好。”

马融听说赵岐有才，便派人招呼他和自己见面。赵岐拒绝说：

“我和你家主人不是一路人，就不要去强颜欢笑了。为亲做友贵在彼此知心默契，这是不能强求的。”

大将军梁冀当权时，为了装饰门面，任命赵岐为司空掾。赵岐不知梁冀为人，于是欣然上任。

梁冀对赵岐十分优待，赵岐却感到十分别扭，他对朋友说：

“梁冀极力做出礼贤下士之态，但在我看来却很做作。他说的话表面上动听，可细品之下却是缺乏诚意。其实，真正的交往无须多言，重在感觉，我觉得梁冀并不是个真正的爱贤之人！”

赵岐试探着向梁冀提出了一些改良政治、求贤选能的方法与建议，梁冀以种种借口无一采纳。赵岐就此肯定说：

“看来我的感觉没错，梁冀确是个伪君子，我是不能有所奢望了。”

赵岐决定离开梁冀，朋友劝他说：

“梁冀权倾天下，难得他对你还有敬重之意，只要你稍稍顺从于他，巧于应付，又何愁高官厚禄呢？你不要太认真了，官场多的是虚情假意啊！”

赵岐摇头道：

“虚与委蛇，到头来难免会发生争执，何必呢？明知对方不可共事，若勉为其难，灾难迟早会发生，我不能听从你的话。”

赵岐离开朝廷，到皮氏县做了县令，他就此对朋友解释说：

“我不求官位高低，只求能为国家出力。在这里若能舒心，能施展我的才干，我也是十分愿意的。”

赵岐上任不久，正赶上河东太守刘祐离职，朝廷让中常侍左悺的哥哥左胜代替刘祐。赵岐反应强烈，他说：

“左胜是个宦官，一无是处，我不能在他手下任职。作为他的手下，我感到羞耻啊！”

赵岐的属吏不解道：

“大人只求为朝廷效力，不必计较太守为谁。”

赵岐反驳道：

“太守是我的上司，难免要和他打交道。左胜无耻贪婪，正直的人是不会和他相容的。我不愿违心迎合，只有一走了之。”

赵岐当天就回老家去了。

赵岐曾被宦官迫害，被迫逃亡。他在北海街头卖饼时，安丘人孙嵩见其气度不凡，遂招呼他上车，小声道：

“我见你愁眉紧锁，满脸郁气，难道你有冤情吗？”

赵岐审视孙嵩几眼，竟点头道：

“你猜得不错。”

孙嵩吃惊道：

“你我初次见面，你为何这般相信我呢？这可是天大的秘密啊！”

赵岐低声说：

“交友贵在感觉。我初见你时，便觉得你心地良善，充满侠义。何况我乃朝廷重犯，又有谁愿与我结交呢？单凭此节，我就要感谢你了。”

孙嵩大呼投缘，于是把赵岐带到家里，摆酒设宴款待他。二人交谈过后，更觉融洽意合，遂结为生死之交。

赵岐藏在孙家的夹壁里好几年，蒙孙嵩的照顾才躲过了大祸。

后来，赵岐重返朝中做官，有人问起他的避祸经历，赵岐感叹说：

“孙嵩与我萍水相逢，他冒险救我，这是多年好友也做不到的。我会珍惜这种情感，它远胜过那些信誓旦旦的豪言哪！”

向善卷 第八

吉有其因，福有其源。天佑善者，其心悟焉。

言善未必善，观其行也。言恶未必恶，审其心也。名勿信，实勿怠。

君子亦怨，不误其事。小人亦友，不辍其争。利可求，道可守。

恶惑愚，不惑智也。善贵诚，不贵法也。

本卷精要

- 吉有其因，福有其源。
- 向善戒恶，行事之要。
- 识人当观其行，见其细。
- 体谅他人能给自己带来意想不到的好处。
- 大善者，不计毁誉，不图善名，方成大事。
- 与小人结交，困厄近矣。
- 取利弃道，祸患不远。

原文

吉有其因，福有其源。

译文

吉运有它的原因，福佑有它的源头。

释评

好事不会无缘无故地到来，坏事的袭来也是有其缘由的。人们不该只羡慕好事而不去努力，亦不能只诅咒坏事而不加自省。诚心向善是吉运的依托，也是福佑的成因。人有善心，方有善果。向善不是道德说教，更不是空泛的概念，它渗透于人们生活中的点点滴滴。

事典

民愤日增的义纵

西汉武帝时，河东人义纵与人结伙为盗，四处抢劫。义纵的姐姐精通医术，深得皇太后的信任。一次，皇太后问义纵的姐姐：

“你家有人想做官吗？”

义纵的姐姐说：

“我有个弟弟品行不端，只怕是难以为官了。”

皇太后笑道：

“你服侍我很是卖力，我也该让你家人荣耀荣耀了。你的弟弟若能严加教导，也可以弃恶从善。”

皇太后向武帝推荐了义纵，义纵于是被任命为中郎，补官为上党郡的一个县令。

义纵的姐姐担心他为恶，当面劝告说：

“你能做官，这是皇太后和皇上的恩典，非你之功。你如今为朝廷官员，当痛改前非，一心向善，这样才可将功补过，报答皇太后和皇上。为人不可为恶，为官更不可凶残，否则凶事就会临头了。”

义纵初时尚能秉公办事，不敢胡为。他对属吏说：

“我能入朝为官，全是姐姐的功劳，我不能让她失望啊！”

义纵渐渐升迁，后来升任南阳太守。他此时全然忘了姐姐的教诲，执政越来越趋向严苛。

当时，酷吏宁成住在南阳，义纵贪图他的家产，便和心腹商议说：

“宁成敛财无数，皆为不义之财，我想尽数取之，可以吗？”

心腹犹豫道：

“宁成恶名远扬，都是他作恶所致。大人若强占其财，恐怕背负和宁成一样的恶名，这是不可取的。”

义纵大骂道：

“宁成作恶，却是家财万贯，而我一路小心，反是没有余财。我不想这样了，而你竟然劝我收手，你定是宁成的同党。”

义纵于是将这个心腹下狱。随后，他立刻查办宁氏宗族，把宁成弄得家破人亡，并占有了宁成的全部家产。

义纵得手之后，大感快意，他又四处搜罗爪牙，充当自己的帮手。一时，南阳郡人人自危，义纵令人谈之色变。

义纵的姐姐听说弟弟作恶，急忙写信劝他说：

“我本不想让你做官，怕的就是你恶性不改。听说你强占宁成家财，搜刮百姓，我就更加为你担心了。宁成曾经无比的风光，他如今的下场你应引以为鉴。平日不做善事，将来又怎会有好结果呢？”

义纵把姐姐的书信扔在一旁，极不耐烦地对亲信道：

“姐姐太啰唆了，我向善时人不畏惧，哪里有什么好处？现在人人怕我，我看不出我的危难在哪里。”

义纵在被提任定襄郡太守期间，执法更加严酷，以致草菅人命。他私自处决了监狱中的两百名囚犯，还把为这些囚犯求情的两百多人一律定了个“为死囚解脱”的罪名，一一斩首。

当时，义纵的属吏于心不忍，一起劝义纵说：

“大人大兴杀戮，闻所未闻，万一激起民变，大人如何向朝廷解释？人命关天，大人不该这样狠心。”

义纵为此辩解说：

“此地官民散乱，不实行峻法就无法治理。我杀他们，一是要震慑百姓，二是要根绝祸患，有何不可呢？”

义纵一心为恶，民愤日增。后来，武帝识破其凶残面目，便把他处死示众。

原文

天佑善者，其心悟焉。

译文

上天保佑善良的人，他们的心里是明白的。

释评

心地善良为人称道，不仅因为它对人是无害的，更在于它对自己也是有益的。伤害他人便有损于自己，建立在他人痛苦之上的幸福不可能长久。上天用这种“公平”来警醒世人，就是强调善的效用，引导人们向善戒恶。做任何事，都不仅要考虑到有利的一面，更要考虑到有害的一面，如此行事为人，方不会有大的偏差。

事典

尹翁归的替天行道

西汉时，尹翁归任东海郡太守。尹翁归治理东海明察秋毫，郡中吏民哪个贤能，哪个无才无德，以及哪个人做坏事触犯刑法，他都一清二楚。

有人问尹翁归说：

“大人体察下情，费时费力，又有什么好处呢？”

尹翁归告之说：

“一郡的长官，若不知实情，定会为人欺骗，这样治理就会有失误。我了解人心的善恶，正是为了避免偏差，如此方能上不负皇恩，下不负百姓。”

尹翁归对各县的重大事件都记录在册，官吏的过错他也一一备案。一旦需要决断，他就打开册案，认真查对，以免有失。尹翁归的属吏见他办事这样谨慎小心，便道：

“大人为一郡之守，只要认为可以的就可下决断了，大人的做法太费力了。”

尹翁归教训说：

“省事独断，就会产生冤案，这和作恶何异？有善心的人做事是不会马虎的，做事马虎对人有很大的伤害啊！你身为属吏，不知我的心意，岂能随便乱说呢？”

尹翁归处理案情都要当众进行，且允许当事人自辩，为此常常耗费许多时日。一些官吏不满尹翁归的做法，劝他说：

“大人断案当雷厉风行，有时既是罪证确凿，就不要耽误时日了。罪犯多是狡猾之徒，他们的自辩是听不得的。”

尹翁归神情肃穆地说：

“我的一句话，便可决定他人生死，焉有不慎之理？许多冤案的铸成，就是草率所致，善良之人是不会这么干的。我不想有一件冤案发生，冤案不仅对人不公，对朝廷也不利，你们都要有耐心才对。”

尹翁归的谨慎，使许多含冤之人得以无罪释放。他们感激涕零，送上厚礼表达谢意。尹翁归一一拒绝，说道：

“上天只惩罚为恶之人，你们善良忠厚，本不该受难的。我不是在帮你们，只不过是顺应天意而已，你们就不要感谢我了。何况我也不想做个恶人，这样做也是为了我自己，你们不必客气。”

东海郯县大族许仲孙奸猾不法，郡中百姓深受其苦。由于无人敢治许仲孙的罪，人们对官府都心存蔑视。

尹翁归想惩治许仲孙，他对属吏说：

“恶人得不到惩治，百姓就会弃善从恶，这是最可怕的事了。官府如不能伸张正义，百姓就会揭竿而起。这是善恶之争，势不两立，必须尽早出手。”

属吏陈情道：

“先前的几位长官也曾要逮捕许仲孙，只因他势力强大、奸险诡诈才逃脱了罪责。许仲孙是一块难啃的骨头，弄不好会伤了大人的牙齿，大人可想好了吗？”

尹翁归愤慨地说：

“恶人不管如何狡诈，也难逃天惩。我替天行道，还用犹疑吗？”

尹翁归亲自调查许仲孙的罪行，百姓纷纷揭发。没过多久，尹翁归便掌握了许仲孙的所有罪证。

许仲孙亲自登门向尹翁归求饶，他叩头见血，哭道：

“大人杀我不难，但大人却会因此失去很多好处。为了那些穷苦之辈而惩罚我，大人又有什么收益呢？”

尹翁归厉声说：

“若是贪求好处，我就会受到上天的严惩，永世不得安宁。我不想学你为富不仁，你是罪有应得。”

尹翁归把许仲孙斩首示众，致使全郡的邪恶之徒恐惧战栗，不敢再犯法触禁。百姓扬眉吐气，把尹翁归敬若神明。

原文

言善未必善，观其行也。

译文

说好话的人不一定是君子，要观察他的行为。

释评

一个人的行为可以透露出他的内心，而言语却是可以掩饰的。口如蜜糖不足以让人相信，这有太多的欺骗性，识人当从观其行开始。许多人的困厄并非由其不会说好话而引发，而是因其行为不善所致。其实，真正的善者未必言善，他们是不屑做表面文章的。口惠而实不至的人多是伪君子，人们对其不能抱有幻想。

事典

外表恭顺的耶律察割

辽世宗在位时，泰宁王耶律察割外表恭顺而内心奸猾。他能言会道，使许多人被其蒙骗。

一次，耶律察割故意在世宗面前哭泣，世宗问他说：

“你有什么为难之事吗？”

耶律察割道：

“臣天性善良，不与人争，怎奈别人说臣软弱，多加欺侮，所以臣十分委屈。”

世宗怜悯他，让他带领女石烈军，对他委以重任。世宗还对大臣们说：

“耶律察割忠厚善良，欺侮他就是和朕作对。朕一向奖善罚恶，绝不允许好人遭殃。”

大臣耶律屋质看出了耶律察割的奸邪，他对世宗说：

“一个天天口中言善的人，他的居心值得怀疑。耶律察割话说得好听，可实际上并无大的动作，他是想哄骗陛下啊！陛下要对他小心了。”

世宗试探着考验了几次耶律察割，耶律察割小心应付，没有露出破绽。私下，耶律察割却对亲信说：

“皇上对我生疑，万一有一天皇上要杀我，岂不晚矣？我想自立为帝，怎么样？”

亲信不敢应答，耶律察割大怒，痛骂他们说：

“我养你们，就是希望你们为我效力，难道你们不拥护我吗？”

一位亲信心惊胆战道：

“皇上对王爷不薄，王爷若举事不成，还不如安心做个王爷的好。这事过于凶险，我怕王爷没有胜算啊！”

耶律察割自信地说：

“这些年我忍气吞声，极力恭维皇上，相信他已被我迷惑住了。时下我急于动手，就是怕失去良机。”

耶律察割暗中加紧准备谋反，表面上却更加恭顺。他几次将家中琐事告诉世宗，世宗以为他很诚实，毫不防范他。

耶律屋质见耶律察割极力表现忠心，心中焦虑万分。他对世宗说：

“自古奸人喜欢媚言惑人，这是他们惯用的手段，陛下不可相信。奸人可以用言语来掩饰自己，但他们的行为是骗不了人的。我见耶律察割联络频繁，结党营私，这都是他心迹的表露，不可不察。”

世宗厌烦别人说耶律察割的坏话，他反问道：

“你说耶律察割不忠，可有真凭实据？朕重用他，自有道理，你就不要猜疑了。”

耶律屋质不肯罢休，又说：

“一旦耶律察割野心发作，陛下还能制伏他吗？伏奸贵在及早觉察，先发制人，陛下听信其言而不察其行，这样是认不清奸人的。陛下当要自省。”

世宗心乱如麻，他竟把耶律察割召来，当面告知了耶律屋质所说的话。耶律察割立时痛哭流涕，他狡辩道：

“耶律屋质一定是嫉妒臣，难怪他会放肆地诬陷臣。臣请求辞官，以表臣的忠心。”

世宗见其可怜之状，大为不忍，他竟问道：

“人道你有谋反之心，朕想让你立下重誓，以解疑虑，可以吗？”

耶律察割暗笑世宗迂腐，表面上却毫不迟疑地许下诺言。

世宗大感宽慰，遂对耶律察割完全放心，他还训斥耶律屋质说：

“耶律察割若是奸逆，焉能请辞立誓？看来心有偏见的是你啊！若是信你，朕就冷落了一位忠臣，你还不知罪吗？”

耶律屋质未料世宗昏庸至此，他不再进言，只是默默流泪。

天禄五年（951）七月，耶律察割发动了兵变，世宗被杀。

原 文

言恶未必恶，审其心也。

译文

说坏话的人不一定是小人，要审视他的内心。

释评

内心纯洁的人也有言语失当的时候，如果片面地将其认定为小人，那就是失察。对人不能抱有偏见，谅解和体恤说错话的人，便是一种善意，会给自己带来意想不到的好处。即便说了恶言恶语，只要其心不恶，便不是大过。那种把忠言视为恶语的人，最该反省的是他们自己。

事典

杨勇的失势

隋文帝时，文帝的长子杨勇被立为太子。一次，文帝准备把山东地区的流亡百姓迁徙到北方边境，杨勇规劝说：

“改变风俗应该逐渐引导，不能立即革除。人们都眷恋自己的本乡本土，这是百姓的本性，岂能强迫迁徙？百姓流亡是迫不得已的事，朝廷应大力安抚。父皇治理天下要依靠仁善，不可粗暴行事。”

文帝对杨勇的建言十分重视，他对文武百官说：

“太子为百姓着想，勇于进谏，这就是大善之举啊。朕最担心的就是人没有善念，这样他就无所顾忌了。”

于是文帝放弃了迁徙人口到边疆的决定。

杨勇非常好学，喜欢创作辞赋。他为人宽厚、仁义，没有虚假、掩饰的行为。

一次，杨勇装饰蜀甲，文帝看见后很不高兴，他对杨勇说：

“上天不分亲疏，只青睐有道德的人。你着蜀甲，显得奢侈。朕把自己过去的衣服，各留下一件，让你不时能看到，使自己有所警惕。现在，朕把佩刀赐给你，你应该了解朕的想法，多加自省。”

杨勇一时不解，他争辩道：

“儿臣只是兴致所至，并无奢侈之事，父皇冤枉儿臣了。”

文帝见杨勇顶撞自己，顿时大怒。他痛骂杨勇一顿，几天过去也没有消气。一位大臣见状劝谏说：

“太子还年轻，他一时说错话不是不可原谅。陛下若因此和太子产生隔阂，不是国家之福啊！何况看一个人关键要看他的内心是否善良，不应为一时的小节而厌弃太子。”

事后，这位大臣又去拜见了杨勇，他对杨勇说：

“皇上生太子的气，这是值得太子反思的。太子虽宽厚仁义，但也要注意小节，不要惹皇上生怒。”

杨勇叹道：

“我做事不亏心，想不到父皇如此敏感，这是我意想不到的。”

杨勇喜欢热闹，冬至之时，百官朝见杨勇，杨勇便安排奏乐，接受朝贺。杨勇的亲信劝他说：

“皇上提倡节俭朴素，太子此番举动虽不违礼仪，但为免生枝节，还是一切从简的好。”

杨勇不同意亲信的说法，他怕冷落了百官，于是坚持己见。他说：

“朝廷的礼仪不可废，我不想为了讨好父皇而令人非议。我这样做是没有错误的，为什么要改变呢？”

有人就此向文帝进谗，文帝不悦，他对太常少卿辛亶说：

“朕认为太子奏乐接受朝贺，过于张扬，有失礼仪，你以为如何？”

辛亶见文帝满脸愠色，不敢表示异议，他小声道：

“太子此举不妥。不过臣以为太子虽然违背礼仪，但只是无心之失，陛下还是饶恕太子吧。”

文帝气愤地说：

“太子大不如前，可见他十分狂妄。太子这样接受百官的朝贺，是不是太迫不及待了呢？”

辛亶为杨勇开脱道：

“陛下想得太多了，太子仁厚善良，定无此野心。陛下若因此事疑虑太子，太子势将难以自处，这对太子也是不公啊。”

文帝没有惩罚杨勇，但对他的宠爱开始衰减。

晋王杨广为了夺取皇太子之位，处处伪装，极力迎合文帝的喜好。文帝被杨广所骗，对其愈加信任。最后，文帝废黜了杨勇的太子之位，改立杨广为太子，铸成了大错。

原文

名勿信，实勿怠。

译文

虚名不要轻易相信，务实不要有丝毫松懈。

释评

善恶之名有许多是炒作和强加出来的，人们不可轻易相信它。沽名钓誉者比比皆是，颠倒黑白者不乏其人。人们如果不细加考察，那么就无法认清真相。务实之人重在解决实际问题，他们看重的是实绩而非虚名，这才是真正的善，而真正的善是不在意有无善名的。超越了肤浅的善恶名分，方能不计毁誉，做出利国利民的实事。

事典

为国育人的文翁

西汉时，庐江郡舒县人文翁从小好学，精通《春秋》，曾做过郡县小吏。他在小吏任上，做事认真，不肯媚上，一度被人认为愚顽。

一次，文翁的上司因决策错误，遭到了文翁的无情指责。上司气得脸色铁青，当众斥责他说：

“你目无尊长，出语无礼，这分明是恶人的行径，本官岂能容你？”

文翁回敬道：

“你高高在上，但也不能凭你一言而定人善恶。我身为属吏，有劝谏长官的责任，我何罪之有呢？”

上司惩治了文翁，许多人明知上司不对，却不敢替文翁说话。

文翁的朋友替他感到难过，痛心地对他说：

“你规劝长官，指责其失，不料却遭到了长官的报复。你人微言轻，这样辩无可辩，竟成了所谓的恶人，这世道太不公平了。更令人心寒的是无人帮你，众人都保持沉默，看来你也要学得奸猾一些了。”

文翁并不丧气，他说：

“我不求善名，也不怕恶名。只要对朝廷和百姓有益，就是最大的务实，我是一定要做下去的。人若贪图虚名便会左顾右盼，如此就会趋向小人，纵是骗得了虚名，将来也会身败名裂的。”

文翁的小吏生涯十分艰难，他饱受指责和打压，不明真相的人视他为恶人，不敢与他交往。

后来，一位一身正气的长官发现了文翁。他认真考察了文翁之后，消除了疑虑，对属吏们说：

“我上任伊始，便听到了文翁的恶名，现在看来并不是这样。文翁敢于直言，处事公正，这在没有胸襟的长官眼里是不服管教，而在我眼里却是忠直可爱。”

于是这位长官重用了文翁，后又推举他升迁。

景帝末年，文翁升任蜀郡郡守。他见蜀地偏僻荒凉，风俗落后，一心要诱导官民移风易俗。文翁对官员们说：

“为官不要目光短浅，只为自己捞取政绩，那样就无法为百姓造福。我想提高你们的素质，改变百姓不肯学习的风气。”

一位官员进言道：

“这件事确是百年大计，但说得容易，做起来实难，而且不易引起朝廷的注意。大人当做几件立竿见影的事，这样才可很快带来效益，给大人增添美誉。”

文翁训诫官员说：

“为官若只求善名而不追求实际，就偏离了正确的为官之道，岂能无祸呢？做事不是给别人看的，也不是为捞取名誉，有这种心思的人便不是好官。”

文翁选拔机敏有才干的郡县小吏张叔等十几个人，亲自予以教导训练，然后送到京城，向博士学习经术，向官吏学习法律条令。

为了减省郡府开支，文翁让张叔等人携带蜀郡的地方特产，送给博士作学资。他还嘱咐说：

“我送你们学习，不是求取虚名，而是希望你们学成归来，把蜀郡的事情做好。你们不要感谢我，要时刻惦记百姓的重托，切勿怠慢分心。”

几年之后，这十几个人都学成回郡。文翁把他们安置在各个重要职位上，为治理好蜀郡做出了很大贡献。

文翁又在成都城内修建校舍，招收各县官吏子弟入学。文翁处理政事时，常让一些学员坐在一侧，见习从政的本领。有人对此不解，劝文翁说：

“大人此举短期内难以看到好处，大人不该在此过于费心。”

文翁一笑道：

“只要是有利于国家，我又何必在意个人的好处？为国育人是大善之举，纵要我背负骂名也要做的。”

在文翁的努力下，蜀郡风气为之一改，人们争着要做官学弟子，到京城求学的人也多了起来。从此，蜀郡崇尚文雅，人才辈出。

原文

君子亦怨，不误其事。

译文

君子也会有抱怨，但不会耽误正事。

释评

因为抱怨而耽误大事，这就是不智之举。人非圣贤，抱怨一下，发些牢骚是正常的；但若是因此误事，甚至沉沦，便是对自己和他人的多重惩罚，是极端不负责任的。在困难之时能否为他人着想，这是考验一个人是否善良的又一个尺度。能通过这项测试的人才会永不变节，向善如一。

事典

徐璆的东山再起

东汉时，广陵郡海西县人徐璆年轻时就很有学问和气节。他被公府征召，在例行的官吏考核中列为优等。

一次，考核的官员向徐璆说：

“你若为官，当以何事为要务呢？”

徐璆回答道：

“不辱使命。”

考核的官员追问道：

“你若蒙冤受屈，也会这样坚持吗？”

徐璆肯定地说：

“人若随意变节改志，就会一事无成，沦为势利小人。这是其心不善的表现和必然结果，我是不会这样的。”

考核的官员对徐璆十分赏识，称赞他心地良善，见识过人。

徐璆升任荆州刺史。动身赴任之前，董太后派中常侍来给徐璆送行。徐璆感到奇怪，中常侍说：

“太后姐姐的儿子张忠做南阳太守，张忠贪赃，被人弹劾，十分被动。太后希望你到任之后，设法为张忠开脱。此事成后，太后必有重赏。”

徐璆面对中常侍的直言，又惊又怒，他冷冷道：

“张忠犯法，本该治罪，太后怎能包庇纵容他呢？这件事太后找错人了，我向来疾恶如仇，焉能为张忠开脱罪责？”

中常侍左劝右劝，徐璆就是不予理睬。中常侍急道：

“你从前抱怨不得升迁，今日有机会为太后办事，你还不珍惜吗？太后一怒下来，你是承受不起的。”

徐璆正色道：

“我抱怨不公，但我并未影响正事，意志消沉。这就是我和小人的区别啊！我若依附太后，包庇张忠，便是真小人一个，这会使我更难承受。”

董太后闻知徐璆拒绝，十分生气，她马上任命张忠为司隶校尉，以此来威胁徐璆。

徐璆上书揭发张忠贪赃，他义正词严地说：

“张忠为恶，善良之士都不会与其同流合污，因为这是一条死路。臣虽卑微，但向善之心不变，纵受磨难，相信也只是暂时的。为恶天怨人怒，是不会有好结果的，臣对此始终坚信不疑。”

徐璆的上书大白于天下，许多人都支持徐璆。董太后见状，又气又恼，但畏于公议，不敢立即惩治徐璆。

中平元年（184），徐璆和中郎将朱俊在宛城向黄巾军发起进攻，获得大胜。张忠怨恨徐璆，就和宦官们无端生事，强加罪名，把徐璆免去官职，遣送回家。

徐璆心中悲愤，却又无可奈何。他在家中每日看书不断，从未忘记关注朝廷大事。他的家人说：

“你为官有成，作战有功，想不到竟还是遭到解职，可见朝廷黑暗啊！你如今在家中，不必再为朝廷卖命了，这不是很好吗？你就静心享乐吧。”

徐璆道：

“身处困厄，仍需关爱国家，这是做人的本分，哪能轻易改变呢？”

后来，有人将徐璆的言行上报朝廷，朝廷中的正直之士皆为徐璆感动，他们联名上书进谏说：

“困境中不改其志，这是君子的行为，是真正的大善，徐璆令我们深感惭愧。徐璆把个人得失抛在一边，仍为国事日夜谋划，这样的贤人是不可多得的。朝廷重用他是朝廷的福气，弃用他是朝廷的损失。”

朝廷采纳了这项建议，再次征召徐璆，且升任他为汝南太守。

原文

小人亦友，不辍其争。

译文

小人也会有朋友，但不会停止争斗。

释评

和小人为友是人生的一大失误。表面的和气掩盖不了小人的自私自利，这是由小人的本性所决定的。近朱者赤，近墨者黑。与小人为伍，困厄就会接连不断。人要摆脱困厄，不与小人结交是一项重要原则。

事典

不与小人结交的贺琛

梁武帝萧衍在位时，贺琛任员外散骑常侍。一次，贺琛和朝中官员不和，萧衍斥责他说：

“臣子团结，朕才安心。听闻你与群臣多有争执，这就是你的不对了，为何不加以改正呢？”

贺琛直言道：

“恕臣大胆。在臣看来，群臣之中君子不多，小人却众，这就是臣不愿与其交往的原因。”

萧衍大受刺激，怒道：

“你说朝廷中小人众多，自是指责朕用人不当了，是这样吗？”

贺琛连忙赔罪，说道：

“臣不是想指责陛下，而是实不愿与小人为伍。如今群臣趋炎附势的多，敢于直言的少，他们为了私利而不尽忠为国，这都是事实啊。臣不想和他们搅在一处，就是担心自己受其熏染，失去报国之志。”

贺琛细陈群臣的丑态，萧衍一时沉默，脸色平和下来。

贺琛的孤傲令朝中奸佞小人十分不悦，他们不停地弹劾他，只因萧衍信任贺琛，他们的阴谋才没有得逞。

朝中奸佞小人于是改变策略，千方百计地拉拢贺琛。他们当面吹捧贺琛的才干，又派人给他送上厚礼，说是愿与其结交。贺琛对此一律拒绝说：

“我自求平安即可，用不着大富大贵。收人礼物便会说话气短，这种事我受之不起，也不想招来麻烦。”

贺琛软硬不吃，他的家人担忧道：

“你厌恶小人，也不该和他们公开抗争。他们人多势众，到头来还不是你自己吃亏吗？你尽可温和一些，免得他们报复。”

贺琛分析说：

“眼下的麻烦是暂时的，而和小人结交便会害我终生，不得脱身。小人向恶，他们绝不会顾念友情，若是为了一时好处而屈服他们，那才是后患无穷啊！”

贺琛任职期间，朝廷各种礼仪制度，多半都是他参与制定的。萧衍重视贺琛的才干，每次召见他，都和他谈论很长时间。

一次，贺琛在谈话中对萧衍劝谏说：

“陛下治国，一定要亲贤人而远小人。小人献媚行奸，日久就会扰乱陛下身心，这是不能不防的。”

萧衍不喜欢贺琛的话，不客气地说：

“你天天劝朕防范小人，难道朕的身边都是小人？你这个人可称君子，但也不能恃此贬低他人才是啊！”

当时，萧衍任命的官员，多半是巧饰虚伪、奸诈谄媚之徒。他们只知歌功颂德，无形之中，萧衍也日益浮躁了。

贺琛进谏无效，十分心焦，他对自己的好友说：

“皇上为小人所迷惑，日后必受其害。只可惜皇上不听我言，这该如何是好呢？”

好友说：

“在朝堂上寻找君子，是找错地方了。朝堂上向来你争我夺，不用计谋便难以立足，难怪君子在此不适啊！你不要惹皇上不快了，朝堂本是小人的天下，你叫皇上到哪里去寻觅君子呢？”

贺琛认为好友偏激，二人争论了多时，谁也不能把谁说服。

贺琛激动之余，给萧衍上了一道措辞激烈的奏书，他说：

“全国的郡县官吏之所以都贪婪残暴，很少有清廉自守的，关键在于上行下效，是朝廷中的小人太多之故。陛下为小人包围，日久便会受其熏染，这也是吏治败坏的一个重要原因。以臣看来，陛下当从自身做起，清退小人，大树君子之风，如此江山才能巩固。”

萧衍看过贺琛的奏书，勃然大怒。他痛斥贺琛无礼，从此便疏远了他。贺琛被逼无奈，只好向朝廷谢罪，不敢再直言进谏了。最后，朝廷局势日见没落，终至覆灭。

原文

利可求，道可守。

译文

利益可求取，道义可坚守。

释评

在利益与道义之间，许多人选取了利益而放弃了道义，这是他们陷入祸患的一个重要原因。利益和道义并不矛盾，贪婪的人将它们对立起来，他们得到的便是不义之财、不当之利，噩梦便从此不断了。合法的利益不会给人带来灾难，大可以正当手段去光明正大地求取。坚守道义往往是一股决定性的力量，左右着人们的未来。

事典

坚守道义的马怀素

马怀素

唐代大臣，为官讲究原则，处事公平，待人宽容，故屡次升迁。至开元初年，任户部侍郎，三次任秘书监，兼昭文馆学士。

镜 鉴

道义与利益并不总是矛盾的。

唐朝时，润州丹徒人马怀素跟随儒者李善学习。马怀素家贫，连灯油、蜡烛都买不起。李善见之生怜，劝他说：

“你可先做些小本生意，再来读书不迟，否则你困顿如此，又怎能读好书呢？”

马怀素诚恳道：

“我正因为不甘贫穷，才要读书求取富贵。倘若我现在贪些小利，势必变得俗气，便无心读书了。困难可以克服，先生千万不要为我担心。”

马怀素白天割来柴草，夜里点着柴草读书，后来竟通晓了儒家经书和史书，考中了进士。

武则天在位时，马怀素任左台监察御史。当时，诬告成风，马怀素却严守道义，没有出卖自己的良心，他对家人说：

“有人因诬陷他人而高升，在我看来却是祸而不是利。这种歪风迟早会刹住的，见利忘义的人真是短视啊！”

御史大夫魏元忠被张易之诬陷，发配岭南。大臣崔贞慎、独孤祎之等人在京城郊外为魏元忠送行。张易之大怒，唆使别人诬告崔贞慎等人一起谋反。

武则天下令让马怀素审问，并派宦官催促办理，暗示马怀素要设法使其罪名成立。宦官对马怀素说：

“大人只要略动心思，这桩谋反案便可定下。立功如此容易，大人还需要疑虑吗？”

马怀素动问道：

“谋反案非同小可，事关多条人命，你认为可以草率吗？”

宦官又将武则天的暗示复述了一遍，他威胁说：

“皇上的意思我已告知大人，大人拒不执行便是违抗皇命。此事对大人并不是什么难事，大人还是识时务的好。”

马怀素心中震荡，他回敬道：

“我的职责是按法办事，你所谓的‘识时务’只会违法坏律，这不仅损害了朝廷的名誉，而且会令我堕入恶道。我要升迁也不屑背道行事，请恕我不能从命。”

宦官将马怀素的话报知武则天，武则天急召马怀素入宫责问。马怀素面对一脸怒气的武则天，并不畏惧，他说：

“陛下如果要亲手毁坏法律，那么自可把臣免官，由他人审理此案。臣只想按律行事，未觉有错。”

武则天无法反驳他，只是怒目相向，久久说不出话来。

马怀素接着又说：

“魏元忠犯罪发配，崔贞慎等因亲戚故旧关系为其送行，确实不值得指责。如果让臣把送行说成谋反，那与欺骗上天有什么两样？从前，彭越因谋反被杀，栾布在他的尸体旁向皇帝奏事，皇帝并不认为栾布有罪，更何况魏元忠的罪行远没有彭越的罪行严重，陛下为什么还要对送行的人治罪呢？臣不想诬陷他人而获利，否则，臣就是不忠之臣了。”

武则天终被马怀素说服，崔贞慎等人因此被免于治罪。

夏官侍郎李迥秀依仗张易之的势力接受贿赂，马怀素准备弹劾他。同僚怕他惹祸，极力劝阻说：

“现在奸人得势，恶人横行，你又何必坚守道义呢？只要你视而不见，也就无事了，切不可强出头啊！”

马怀素谢过同僚的好意，无比痛心地慨叹道：

“我有家室，上有老下有小，怎会愿意无故惹祸呢？但我身为御史，不弹劾恶人便是失职，这与恶人有何区别？如此，即便换来片刻安宁，将来也必受严惩。”

马怀素弹劾了李迥秀。在确凿的证据面前，武则天只好将李迥秀罢免。

马怀素在担任十道黜陟使时，巡视天下，考察官吏。地方官吏为了讨好他，挖空心思地给他送上奇珍异宝。

马怀素对地方官吏一视同仁，他拒绝所有的馈赠和宴请，坚持秉公办事。他告诫地方官吏说：

“你们的心情我可以理解，但你们的礼物我决不接受。升官发财要靠勤政正道，不该在其他方面下功夫。如果我收了你们的礼物，那么我就成了贪官，你们的行为也就变成了贿赂，这岂不是让我们一同受害吗？只要你们问心无愧，政绩有成，我就一定据实上报朝廷，绝无遗漏。”

马怀素坚持如此办事，地方官吏便不敢贿赂他了。马怀素认真考察地方官吏的得失，不存一点偏见。

回京复命时，武则天见他考察精细，记录全面，处事公道，大为高兴。她夸赞了马怀素，又升他为考功员外郎。武则天对群臣说：

“马怀素见利不忘道义，甘愿舍利，这样的人上天是不会辜负他的。朕提升他的官职，这是他应得的酬报。”

原文

恶惑愚，不惑智也。

译文

邪恶能迷惑愚人，不能迷惑智者。

释评

弃善从恶的人都是愚蠢之徒，无论他们自诩如何聪明。真正的智者不会走向邪恶，因为智慧能使人趋利避害。愚人往往相信诡道和骗术，他们自信能瞒天过海，蔑视人间的戒律，而事实却是自欺欺人，大祸加身。智者不是相信自己无所不能，而是敬畏自然的法则。他们不逾越雷池一步，于是灾祸便消于无形了。

事典

人所不齿的冯铨

冯铨，顺天涿州人，明朝万历年间考中进士，担任翰林院检讨之职。

魏忠贤掌权时，冯铨权衡利害后，对家人说：

“我苦读诗书，好不容易才有了今天的地位，岂能一夜尽弃呢？魏忠贤虽然奸恶，但他可保我平安通达，人生所求不过如此啊！”

冯铨的家人说：

“你是读书人出身，为人不能过于奸诈。你和魏忠贤不是同路人，投效他只会令人不齿，这就是你的聪明吗？即使辞官回乡，你也不能帮扶恶人。”

冯铨笑道：

“你们太短视了，我不是帮扶恶人，而是利用恶人。其实善恶都是骗人的，又何须较真呢？”

冯铨于是阿谀依附魏忠贤，对其百依百顺，极尽恭维。一旦魏忠贤有所示意，他便心领神会，卖力地充当他的爪牙。

冯铨多有“立功”表现，魏忠贤便累升他的官职，升到文渊阁大学士，兼任户部尚书，加封少保兼太子太保。冯铨得意非凡，不时宴请同僚好友，大肆庆贺。

一次，在宴席之上，冯铨先是吹捧了魏忠贤一通，后又大表决心，宣誓对魏忠贤效忠。人们见其这样，都暗暗耻笑他。

宴罢，冯铨的一位好友留下未走，他对冯铨低声道：

“你这样宣扬忠于魏忠贤，万一有一天他事败了，你该如何脱身呢？”

冯铨一愣，随口道：

“魏公公权倾天下，焉能事败？你这样说是何用意呢？”

好友轻声道：

“魏忠贤欺上瞒下，为恶不浅，他的事败我看是不可避免的。只有愚人才会认为他可以横行一世，难道你也这么愚蠢吗？”

冯铨摇头不信，好友再道：

“你满腹经纶，不该弃善从恶，眼下你虽得到了一点好处，但是日后要加倍偿还的。何况魏忠贤豺狼本性，随时都会变脸，你跟着他实在不智啊！”

冯铨仍是不听劝告。一次，因为一次小小的失误，魏忠贤便对冯铨勃然大怒，免去了他的官职。冯铨为了复官，在魏忠贤生日这天，给他献上自己写的“百韵诗”，作为寿礼，极尽吹捧他。

他的家人为他感到羞耻，怪他说：

“魏忠贤从未把你放在眼里，招之即来，挥之即去，而你却仍把他视为恩人，厚颜赞颂他。你不讲人格和自尊，自甘堕落，这是读书人应该做的吗？”

冯铨大骂家人无礼，内心并无半点不安。他对别人说：

“善恶之名误人误事，人生在世，重在实惠，其他都是假的。”

崇祯即位后，把魏忠贤处死，搜集阉党罪证时，得到了冯铨写给魏忠贤祝寿的“百韵诗”。崇祯大怒，对冯铨处以杖刑，把他流放到外地。

顺治元年（1644），睿亲王多尔衮平定京师，写信召见冯铨。冯铨大喜过望，马上便要动身。冯铨的家人劝阻说：

“你是读书人，又是大明之臣，不该轻率降清，招来骂名。眼下是关键时刻，你要慎重抉择啊！”

冯铨似是早有打算，他高声道：

“我只在意自己的前程，朝廷之事与我何干？不管别人如何看我，我还是要走自己的路。”

冯铨的好友也劝他不可赴京，当面告诫道：

“你只在意自己的富贵，而不顾人间的善恶，这是取祸之道。你被富贵迷住了双眼，该及时醒悟了！”

冯铨一意孤行，随后坚持进京。多尔衮赏给他银两，命他以原大学士的头衔到内院协助处理政务。

不久，便有御史吴达揭发冯铨向降清将领索要了万两白银之事。吴达上书说：

“冯铨无心政事，只为求取私利。时下天下未平，他便大开狮子之口，足见此人实属贪财好利之徒。”

给事中许作梅等人也连续上书揭发冯铨收受贿赂，他们呼吁说：

“冯铨在前朝追随奸佞魏忠贤，此人不善久矣，决不可用。本朝要建立新政，招抚人心，用冯铨便难以服众。”

众臣声讨冯铨，冯铨惶惶不可终日，他向多尔衮哭诉央求，磕头见血。

多尔衮凭借权势，把冯铨保了下来。冯铨从此心虚难安，至死都为人不齿。

原文

善贵诚，不贵法也。

译文

善良重在真诚，不在于方法。

释评

表达善意有多种方法，只要是发乎于心，其效便可得见。善良容不得虚假，更容不得任何功利。虚伪和重功利的“善良”远非善的本意。如果只注重形式，唯恐人所不知，那么就难以称得上是真正的善。

事典

王吉的尽职

西汉昭帝在位时，王吉为昌邑王刘贺的中尉，是郡国的军事长官。

当时，昌邑王刘贺荒废政事，整日在国中驰逐游猎，一举一动毫无节制。王吉就此劝谏说：

“大王平日只说行善，而在行动上却不问政事，贪于玩乐，这是言行有悖啊！大王治理郡国，唯有勤政爱民方是正途，请大王用心理政。”

刘贺当面纳谏，且夸他说：

“你是我的直谏之臣，所说句句在理，我记下了。有你这样的忠臣，我就不担心有什么过失了。”

刘贺嘴上说得好听，实际上却毫不收敛。他对亲信说：

“王吉说得容易，可我做起来太难了。人生要及时行乐，若埋首于政事之中，岂不将人烦死？反正我做的事也没有几个人知道，百姓是不会怨怪我的。”

王吉见刘贺依旧，心中着急，连忙又去劝谏说：

“大王言而无信，难道非要背上恶名不可吗？百姓都注视着大王的一举一动，大王不可令百姓失望。”

刘贺自知理亏，便笑着说：

“你一片忠心，本王知道。我只是玩乐一下，值得你小题大做吗？这件事无关大局，你就别不依不饶了。”

刘贺赐予王吉牛肉五百斤、酒五石、干肉五束。

事后，有人对王吉说：

“你身为辅臣，只要尽职就可以了。大王不听那是大王的事，你劝谏不止，就不怕大王责罚？”

王吉回答说：

“我是诚心劝大王改过，并不想只讨大王高兴。为善要不得作假，我不直言，就无法打动大王。在此紧要关头，我不求方法适当不适当，只求令大王醒悟啊！”

王吉的谏诤虽不曾令刘贺改过，但受到了官民的景仰。

昭帝死后，无子继承皇位。大将军霍光执政，派官员迎接昌邑王刘贺进京，要拥立他为帝。刘贺闻知此事，欣喜若狂，他对亲信说：

“我总感快乐不足，若能为帝，天下尽归我用，我不用再愁了！”

刘贺心中只想着享乐。王吉见此忧心，他对刘贺说：

“时政骤变之时，大王当为国分忧，处处彰显善意，如此才能赢得百姓拥护，坐稳天下。据我所知，商朝高宗即位后，三年不发一言，暗中留心观察政治得失。如今先帝去世，大王被召入京，理应日夜悲痛哭泣。丧事期间，一切政事不要轻易有所兴废。”

刘贺对王吉之言颇为反感，他出言道：

“如你所说，我当皇帝又有何乐趣？你对我太苛刻了！”

王吉仍坚持劝谏说：

“善良一定要真诚，大王不能只说不做，这样会失去人望的。做皇帝更要以仁爱示人，否则就不会久长。”

刘贺斥责了王吉，仍是我行我素。他在位二十多天，便因肆意淫乱享乐被废。

刘贺的臣属也被追究不尽心辅佐之罪，多被处死，唯有王吉与郎中令龚遂因屡进忠言直谏，被减免死罪，获刑入狱。

王吉在狱中不忘读书，常常读到深夜不肯停歇。狱卒对他说：

“你是服刑之人，还用得着这么用功读书吗？”

王吉解释道：

“我虽获罪，但还要为国家出力，不读书就不能尽职啊！我是为将来打算，不能自暴自弃。”

狱卒由此敬佩他，给了他很多关照，还对人说：

“从前我只听说君子落难而不忘行善。王吉入狱苦读，准备他日为国尽力，这不就是君子之风吗？从他身上，我也受到了激励，我应该感谢他。”

几年之后，王吉果然被重新起用，被宣帝任命为益州刺史。